L'ENSEIGNEMENT SECONDAIRE FRANÇAIS

DE M. BIGOT

ET L'ENSEIGNEMENT SPÉCIAL

L'ÉCOLE DE CLUNY

RÉFUTATION

DES IDÉES DE M. BIGOT SUR L'ÉCOLE DE CLUNY

PAR

EDMOND BAYSSIÈRES

PARIS

AUGUSTE GOIN, LIBRAIRE-ÉDITEUR

RUE DES ÉCOLES, 62 (PRÈS LE MUSÉE DE CLUNY)

L'ENSEIGNEMENT SECONDAIRE FRANÇAIS

DE M. BIGOT

ET L'ENSEIGNEMENT SPÉCIAL

L'ÉCOLE DE CLUNY

RÉFUTATION

DES IDÉES DE M. BIGOT SUR L'ÉCOLE DE CLUNY

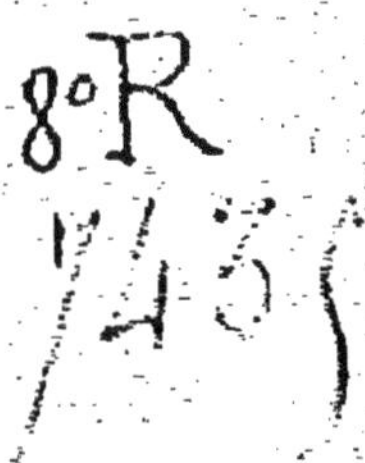

PARIS. — IMP. E. CAPIOMONT ET V. RENAULT
6, RUE DES POITEVINS, 6

L'ENSEIGNEMENT SECONDAIRE FRANÇAIS

DE M. BIGOT

ET L'ENSEIGNEMENT SPÉCIAL

L'ÉCOLE DE CLUNY

RÉFUTATION

DES IDÉES DE M. BIGOT SUR L'ÉCOLE DE CLUNY

PAR

EDMOND BAYSSIÈRES

PARIS

AUGUSTE GOIN, LIBRAIRE-ÉDITEUR

RUE DES ÉCOLES, 62 (PRÈS LE MUSÉE DE CLUNY)

1886

INTRODUCTION

Depuis quelques années, les partisans de l'enseignement classique et ceux de l'enseignement secondaire spécial soutiennent, non sans une certaine vivacité, leurs opinions, soit dans les livres, soit dans la *presse,* soit dans des revues, soit dans des sociétés où les questions d'enseignement sont discutées et traitées avec compétence et souvent avec talent. Ils forment comme deux armées en présence combattant, l'une, pour le maintien d'une hégémonie plus de deux fois séculaire, l'autre, pour la conquête d'une place que la première refuse de lui laisser occuper. La lutte semble toucher à sa fin, ou du moins les deux adversaires feignent de le croire. Leur opinion est que la bataille décisive va se livrer au sein d'une commission récemment nommée par M. le Ministre de l'instruction publique, pour réviser les programmes de l'enseignement secondaire spécial.

Je souhaiterais ardemment, pour le bien de tous, ainsi que dans l'intérêt supérieur des études secondaires, que la lutte finît au plus vite. Mais je n'ose encore concevoir cette espérance. Surtout je n'attends pas ce résultat désirable de la commission actuelle. Ce n'est pas que je mette en doute la bonne foi ni les lumières de l'aréopage qui délibère peut-être déjà dans la rue de Grenelle; mais, dans la question particulière qui m'occupe, je trouve l'aréopage mal composé. A mon sens, il ne compte pas assez de représentants de l'enseignement qu'on veut réformer.

L'enseignement spécial me paraît être à peu près dans la situation d'un accusé qui comparaîtrait devant ses juges sans défenseur et à qui on interdirait de parler pour se défendre lui-même. Pourtant, s'il était vrai que le besoin de réformes fût urgent, les professeurs de cet enseignement sembleraient naturellement désignés comme les plus aptes à fournir des indications sur la partie des programmes où il faudrait faire porter les réformes, dans quelle mesure et dans quel esprit il conviendrait de les tenter.

L'administration supérieure en a jugé autrement. Dans une commission de trente membres, elle n'a admis que quatre professeurs d'enseignement spécial. C'est peu, bien peu. Pénétrés d'avance de leur impuissance, auront-ils le courage d'exposer les idées qu'une longue expérience de cet enseignement leur a suggérées? S'ils parlent, seront-ils écoutés? Ce sont autant de questions qu'on peut se poser, mais auxquelles il est impossible de répondre. Aussi bien est-il permis d'être un peu sceptique à l'endroit des résultats pratiques des délibérations de la commission.

Si j'ai des doutes sur l'efficacité des mesures qui vont être prises, c'est que je connais particulièrement les vues de plusieurs des membres les plus influents de la commission. Ces vues, ils me les ont exposées bien des fois. J'en ai combattu quelques-unes, qui m'ont semblé fausses; j'en ai approuvé d'autres, qui m'ont paru justes; pour les autres, j'ai indiqué des modifications nombreuses. Le nombre de celles que j'ai pu approuver sans restriction est peu considérable, et encore portent-elles sur des détails tout à fait secondaires. Celles, au contraire, qui ont trait au principe de cet enseignement, à son caractère, au but à atteindre, sont, à mon avis, d'une application périlleuse, pour l'avenir de l'enseignement secondaire spécial.

Sincèrement désireux d'amener mes contradicteurs à une appréciation plus vraie de la situation de l'enseignement secondaire spécial, j'ai fait des concessions pour les disposer à en faire à leur tour. Je ne les ai pas trouvés animés des mêmes dispositions conciliantes. J'ai constaté chez eux un certain parti pris, des idées préconçues et bien arrêtées. Là gît le danger.

Ce n'est pas sans inquiétude que j'ai vu leurs noms figurer sur la liste des membres de la commission. Subissant leur influence ou cédant à leur opiniâtreté, la commission pourra, je le crains bien, s'engager dans une voie funeste à la prospérité de l'enseignement spécial. Aussi ai-je résolu d'exposer ce que je crois être l'expression de la vérité. Certes je ne compte pas ramener à mes idées ceux que je n'ai pu convertir dans des entretiens particuliers. Je sais qu'il n'existe de sourds affectés d'une surdité plus incurable que ceux qui ne veulent point entendre et qui déclarent à priori ne vouloir rien entendre. Mes pages ne s'adressent pas à ceux qui ne voient pas, parce qu'ils refusent de regarder; mais à ces hommes sincères, à l'esprit ouvert, réfléchi, investigateur, à ces hommes qui ne pensent pas posséder l'omniscience, qui croient pouvoir trouver des idées saines, justes et pratiques même chez les humbles.

Mon but n'est pas de faire un livre, mais d'exposer, simplement, sans viser à la phrase, laissant toute rhétorique de côté, en m'appuyant sur des documents authentiques, sur des renseignements puisés aux meilleures sources, sur l'examen des faits et sur l'expérience que m'a valu un exercice de trente-trois ans dans l'enseignement primaire et secondaire, les erreurs de beaucoup de classiques, et d'indiquer les principes qui, à mon sens, devraient guider la commission dans ses travaux, et après elle, le conseil supérieur de l'instruction publique, quand il sera appelé à ratifier ses décisions.

Je suis désintéressé dans le débat. Je n'appartiens ni au camp des Normaliens ni au camp des Clunysiens. J'ai acquis mes grades universitaires, tous sans exception, depuis le modeste brevet d'instituteur primaire, jusqu'à l'agrégation, en passant par la licence. J'ai été un bon professeur, du moins c'est ma conviction. Ce doit être aussi celle de mes élèves, si j'en juge par les succès divers qu'ils ont obtenus et par les sentiments de gratitude dont ils n'ont cessé de me donner des preuves; c'est sans doute aussi celle de mes chefs hiérarchiques de tout ordre, si je m'en réfère aux félicitations qu'ils m'ont toujours prodiguées.

Si je donne ces renseignements sur mon humble personnalité, ce n'est pas pour satisfaire un sentiment de vanité, mais uniquement pour que mes lecteurs, si j'ai l'honneur d'être lu, sachent bien que je ne suis pas un profane dans la question que je traite et que je ne fais pas un plaidoyer *pro domo*.

J'ai professé dans l'enseignement classique tant que mes forces me l'ont permis, c'est-à-dire jusqu'au moment de ma retraite. C'est dire que j'aime cet enseignement et que j'apprécie sa valeur, les services qu'il a rendus, ceux qu'il rend et surtout ceux qu'il est destiné à rendre, si on consent à ne pas rester plus longtemps dans la voie dangereuse où on a cru devoir s'engager dans ces dernières années. Mais aussi j'ai professé, par accident, il est vrai, dans l'enseignement spécial; je l'ai étudié, je le connais, je crois, au moins assez bien, pour ne pas ignorer qu'il existe, pour savoir qu'il a sa raison d'être et ses mérites, qu'il est digne du droit de cité et de la faveur des familles, qui d'ailleurs ne lui fait pas défaut, et qu'il a droit à plus de bienveillance et de sollicitude que ne lui en témoignent les administrateurs universitaires de tout rang.

Je dirai ce que je croirai devoir être dit, sans me préoccuper si je choque les opinions des classiques ou celles des spéciaux. Je critiquerai les idées des uns et celles des autres dans la mesure où elles me paraîtront critiquables, et je m'efforcerai d'indiquer à ceux qui sont chargés d'édifier, dans quel sens ils devraient le faire, pour que l'édifice élevé par eux puisse être durable et vraiment utile à l'intérêt supérieur des études secondaires.

Je crois avoir suffisamment fait connaître l'esprit dans lequel sera conçu mon modeste travail. Il ne sera ni un réquisitoire contre l'un des deux enseignements ni un panégyrique exclusif de l'autre. De l'enseignement classique, je parlerai peu. Il est connu. D'ailleurs, s'il a eu des détracteurs éloquents, il a trouvé des défenseurs plus éloquents encore. Je n'estime pas que ma prose pût ajouter une nouvelle force aux arguments qu'ont fait valoir ses défenseurs, arguments que j'approuve dans toutes leurs parties.

Je consacrerai donc mon travail à l'enseignement spécial, qui me semble ignoré des uns, et méconnu des autres. Je traiterai deux questions qui renferment à elles seules toutes les autres. Je montrerai d'abord ce qu'est l'enseignement spécial; je parlerai ensuite de son personnel.

PREMIÈRE PARTIE

CHAPITRE PREMIER

Ce que devait être l'enseignement spécial dans la pensée de son fondateur.

Je ne donnerai pas une définition de l'enseignement spécial; je ferai ressortir son caractère de l'examen de deux ouvrages qui viennent d'être publiés et qui le méconnaissent.

Récemment, en effet, a paru un livre qui a fait un bruit étourdissant : j'ai nommé la *Question du latin*, par M. Frary. Jamais coups plus vigoureux n'ont été portés avec plus de violence à une mère par un de ses enfants. Mais cette mère, frappée sans mesure, a trouvé des protecteurs qui l'ont relevée et ont pansé ses blessures. Ils se sont montrés dignes fils. Honneur à eux !

M. Frary n'a eu qu'un but : prouver, par des arguments plus brillants que solides et que vrais, que le grec et le latin sont inutiles, voire dangereux et qu'il faut les expulser d'une place où ils ont trop longtemps été les maîtres exclusifs, et où ils ont tout corrompu. Je ne protesterai pas contre cette expulsion ; aussi bien ma protestation ne serait-elle qu'un écho bien affaibli de celles de MM. Pigeonneau, F. Brunetière, Vessiot et Bigot. Comme ce dernier je pense que « la suppression du grec et du latin ferait la fortune des établissement libres et ecclésiastiques, parce que les parents croient cet enseignement utile. » J'ajouterai que le mal ne serait peut-être pas irrémédiable ni très dangereux, si les établissements libres laïques seuls s'enrichissaient ; mais je doute que le grand courant se portât de leur côté. Il se dirigerait vers les Jésuites, et la nation française se trouverait vite partagée en deux camps dans lesquels seraient campées des troupes ennemies, égales en nombre, mais non en forces ; les unes, les plus fortes, imbues d'un esprit antinational et antilibéral, visant à la ruine des conquêtes politiques et philosophiques modernes ; les autres, les plus faibles, attachées à ces conquêtes. Dans dix ans, quinze ans au plus, après des déchirements intérieurs, assistant à l'effondrement de la liberté et de l'esprit de tolérance, l'historien pourrait écrire au frontispice de son livre : « Fin de la liberté, de la tolérance, retour au despotisme, à l'inquisition et aux ténèbres. » L'auteur du *Péril national* n'a certainement pas voulu ce résultat ; mais alors quelle coupable imprévoyance !

Quant à l'enseignement spécial, M. Frary le nomme, parce qu'il a vaguement entendu prononcer quelque part ce nom ; mais il ne sait ce qu'il est, que dis-je ? il ignore qu'il existe et il refuse d'apprendre qu'il vit. Il croit que c'est l'antique enseignement primaire, probablement habillé d'un nom nouveau, et le confond avec lui. On comprendra que je ne veuille pas discuter avec M. Frary sur une question dont il ne soupçonne même pas l'existence. Ce serait du temps employé en pure perte. *Or, time is money.* Je garde ma monnaie.

Plus récemment encore a paru un livre fort remarquable : *Questions d'enseignement secondaire*, par M. Charles Bigot. Le public, encore tout étourdi du bruit du premier, a accueilli celui-ci plus silencieusement. Cependant il mérite d'être examiné. J'ai presque envie de remercier l'auteur de l'avoir écrit. Il va me permettre d'expliquer ce qu'est l'enseignement spécial avec plus de clarté que je n'eusse pu le faire, s'il ne l'eût pas publié.

Tout le bien que M. Bigot pense de l'influence des études classiques, je le pense également, et je suis heureux qu'une plume aussi autorisée, aussi alerte et aussi vigoureuse que la sienne, ait célébré les bienfaits de cette nourriture de nos esprits. Les critiques que M. Bigot fait de la méthode en usage pour enseigner les langues anciennes me paraissent d'une justesse absolue ; la méthode nouvelle qu'il préconise ne me semble pas trop hardie ; je la crois applicable. D'accord avec M. Bigot, ma tâche devient aussi facile qu'agréable à remplir. Je n'ai qu'à écrire à la fin du chapitre : « très bien. »

Je voudrais pouvoir en faire autant pour ce qu'il dit de l'enseignement spécial. Ma conscience et mon esprit d'équité s'y opposent et me font un devoir de protester. M. Bigot n'a que du dédain pour cet enseignement. A ses yeux, il ne mérite même pas l'honneur d'être discuté. Toutefois, plus généreux que M. Frary, qui le considère comme un enseignement primaire, M. Bigot en fait un enseignement primaire *supérieur*. C'est déjà un progrès. Il est regrettable qu'il ne se soit pas présenté un troisième adversaire de l'enseignement spécial, car peut-être aurait-il été pourvu d'une plus forte dose de générosité et lui aurait-il reconnu quelques-uns des caractères d'un enseignement secondaire. On pourrait bien opposer aux affirmations de M. Bigot, les arguments contenus dans le chapitre IV, d'une brochure de 71 pages, que M. Vessiot, inspecteur général de l'instruction publique, vient de publier pour réfuter les erreurs de M. Frary. Peut-être M. Bigot y trouverait-il à puiser quelques appréciations aussi saines que justes sur l'enseignement spécial et sur son personnel.

Cependant M. Vessiot n'est pas un ami quand même de l'enseignement spécial. En qualité d'ancien Normalien, et d'ancien professeur de rhétorique, toutes ses tendresses sont pour l'enseignement classique. En douterait-on, qu'il serait facile de s'en convaincre en lisant sa brochure. Mais s'il a le culte du latin et du grec, il n'en a pas la superstition. Esprit droit et réservé, il ne parle que de ce qu'il connait et il en parle avec compétence. Ancien inspecteur d'académie, il a pu apprécier l'enseignement spécial et faire connaissance avec son personnel. Si l'enseignement spécial n'avait pas existé, il est probable qu'il n'en aurait pas demandé la création ; mais le trouvant établi, il n'éprouve aucun scrupule à le défendre contre des attaques aussi malveillantes qu'imméritées. Caractère loyal, sachant s'élever au-dessus de l'étroit et mesquin esprit de coterie, il sait rendre justice à l'enseignement qui n'a pas ses préférences.

Si M. Bigot avait su garder la même réserve, il aurait évité bien des erreurs. Il lui eût suffi d'étudier, avant d'en parler, l'enseignement spécial, de lire ses programmes, le rapport qui les précède, la définition qu'en a donnée son fondateur, les discussions qui eurent lieu, en 1864 et en 1865, au Corps législatif, les idées qu'a émises, au sujet de cet enseignement, M. Gréard, dont on ne peut nier l'attachement aux études classiques. Nul doute que si M. Bigot se fût livré à ce travail préparatoire, il se fût gardé de se borner à des affirmations sans preuves. Je dis affirmations. Car, ouvrez son livre, lisez les quelques pages qu'il consacre à l'enseignement spécial, vous n'y trouverez que des affirmations. M. Bigot ne discute pas, il ne prouve pas : il affirme. Pour lui, dire : « l'enseignement spécial est un enseignement primaire supérieur », c'est énoncer un axiome, une vérité évidente par elle-même, reconnue comme telle par tout le monde, ou du moins par les universitaires.

Prenez garde, mon cher ex-collègue ; tout le monde n'admet pas vos affirmations comme des vérités évidentes. On s'accorde à reconnaître que vous avez du talent, beaucoup de talent ; que vous êtes un écrivain habile, même très habile ; mais c'est tout. Est-on de parti pris, on peut trouver que vous avez raison ; ne l'est-on pas, on s'avoue que vous avez manqué de mesure et que vous vous êtes montré injuste. Pourquoi cette injustice et ce dédain ? C'est que vous avez négligé de faire connaissance avec l'enseignement spécial. Vous ignorez absolument ce qu'il est, partant les services qu'il rend et ceux qu'il pourrait rendre. L'ignorance !

telle est la cause de vos erreurs. Ne vous récriez pas; je vais vous le prouver.

M. Bigot veut absolument que l'enseignement spécial soit un *enseignement primaire supérieur*; il le répète à satiété et sous des formes diverses. Ainsi (page 85), il dit : « *Ce qu'est au contraire l'enseignement spécial, tel que M. Duruy l'a créé, tel qu'il l'a voulu faire, ce n'est rien qu'un enseignement primaire supérieur.* » Plus loin (page 86), « mais tout en le développant de notre mieux, il importe qu'aucune méprise ne subsiste sur son caractère, que l'on sache bien qu'il est *primaire supérieur*, et *non pas* un enseignement *secondaire*. Laissons-lui, si on veut, son titre de spécial, mais *retirons-lui* son épithète de *secondaire.* » Plus loin encore (page 89). « Je crois pour moi que beaucoup de nos colléges de sous-préfectures gagneraient à être transformés résolument en maisons d'enseignement spécial, d'*instruction primaire supérieure.* »

La pensée de M. Bigot est-elle au moins assez claire ? Nul n'en doutera. Sans doute, je ne me flatte pas d'avoir la perspicacité d'un Normalien et surtout d'un Normalien, doublé d'un ex-élève de l'école d'Athènes. Peut-être est-ce pour cela que je reconnais à l'enseignement spécial le caractère de secondaire, alors que M. Bigot le lui refuse. Je ne nierai pas que les affirmations si catégoriques de M. Bigot n'aient d'abord fortement ébranlé mes convictions. Comme j'ai toujours eu une confiance limitée en ma faculté d'interprétation, j'ai cru m'être trompé. Aussi ai-je voulu connaître l'opinion d'hommes plus considérables que moi et par leurs lumières et par leur position officielle. Chose singulière ! je les ai trouvés d'accord avec moi. Cette découverte m'a, comme vous le pensez bien, ami lecteur, rempli de courage et comble de joie ; elle m'a relevé de plusieurs pieds dans ma propre estime, et m'a donné la force de faire ce que M. Bigot n'a évidemment pas fait.

Comment, me disais-je, M. Duruy, le fondateur même de l'enseignement spécial, *n'a voulu faire* qu'un enseignement *primaire supérieur !* Est-ce croyable ! J'ai donc résolu de m'en assurer. Le moyen le plus simple eût été de m'adresser à M. Duruy en personne. Mais il n'est pas toujours facile de se déplacer et puis M. Duruy se prêterait-il de bonne grâce à cette enquête ? Alors j'ai songé qu'autrefois j'avais lu des circulaires où M. Duruy exposait ses vues. Je m'y suis reporté. J'ai pu lire jusqu'à dix circulaires ministérielles, adressées soit aux préfets, soit aux recteurs, où M. Duruy caractérisait, avec une netteté de langage et un bonheur d'expression rares, l'enseignement qu'il organisait. Dans toutes, cet enseignement est qualifié de *secondaire* et le ministre s'attache à démontrer qu'il est *secondaire*. Or M. Duruy connaissait le sens des mots qu'il employait. Il savait, à n'en pas douter, que *secondaire* ne voulait pas dire exactement la même chose que *primaire supérieur*.

Il ne voulait pas qu'on pût se méprendre sur ses intentions. Ainsi, dès 1863, il déclarait en termes expressifs et significatifs que sur la base commune de l'enseignement primaire *s'élèveraient parallèlement deux enseignements secondaires.*

M. Bigot peut consulter ces circulaires; elles sont dans le *Bulletin* administratif du ministère de l'instruction publique (années 1864, 1865 et 1866). Entre son affirmation et celle de M. Duruy, fondateur de l'enseignement spécial, M. Bigot m'en voudra-t-il, si j'opte pour celle du ministre ?

Ce n'est pas tout. J'ai lu aussi les débats qui eurent lieu au Corps législatif, lors du vote de la loi créant l'enseignement spécial, les discours de M. Duruy et ceux des orateurs du gouvernement. Dans tous, j'ai trouvé la même pensée dominante. J'ai lu l'exposé des motifs du projet de loi de 1864, le rapport de la commission chargée de l'examiner : partout il est dit, répété, affirmé que le nouvel enseignement est *secondaire*. Lisez plutôt : « L'enseignement *secondaire* spécial, disait le rapporteur, M. Chauchard, n'est pas en opposition avec l'enseignement classique ; il a une place et une place nécessaire *à côté* de cet enseignement.

M. Langlais, rédacteur de l'exposé des motifs, s'exprimait ainsi : « Le nouvel enseignement est, par sa nature et par son but, *intermédiaire* entre l'instruction simple du premier degré et l'instruction plus ou moins élevée du degré supérieur, et il constitue, par conséquent, une *variété*, une *division* de l'ordre d'instruction que la loi a désigné sous le nom d'instruction *secondaire*. »

Cela suffit pour faire connaître l'intention des fondateurs. Il est visible qu'elle n'était pas de créer un enseignement primaire supérieur. Si M. Bigot eût pris connaissance de ces documents, qui étaient à sa disposition aussi bien qu'à la mienne, il se fût probablement gardé d'avancer le contraire.

Avoir cru que l'enseignement spécial est primaire supérieur n'est pas la seule bévue qu'on trouve dans le livre de M. Bigot. Il a voulu qu'il fût *professionnel*, qu'il préparât à un *métier*. Ne croyez pas que j'exagère. Il dit (page 85) : « L'enseignement spécial tel que M. Duruy l'a créé, tel qu'il *l'a voulu faire*, ce n'est rien qu'un enseignement primaire supérieur et *professionnel.* » A la page 181, parlant d'un élève qui aurait obtenu une bourse, comme récompense des services rendus à l'État par son père, et qui se montrerait trop médiocre, il ajoute : « Ces services même excellents n'excusent pas sa médiocrité. Il faut le renvoyer de l'enseignement secondaire à l'enseignement spécial *qui le préparera à un métier.* »

Jamais idée plus contraire aux intentions du fondateur de l'enseignement spécial n'a été exprimée par un homme distingué, qui est ou qui devrait être au courant des questions d'enseignement. Le souci dominant de M. Duruy était, au contraire, de donner aux élèves de l'enseignement spécial qu'il créait une culture *générale* et une éducation purement *intellectuelle.* Il est si vrai que, dans son esprit, le nouvel enseignement ne devait pas être *professionnel*, qu'au moment même où la loi constitutive de l'enseignement spécial était en discussion au Corps législatif, il faisait préparer un projet de loi pour organiser l'enseignement *professionnel.* D'ailleurs n'eût-on pas cette preuve que, pour en trouver d'autres, il suffirait de lire ses circulaires et ses discours ; il suffirait encore de lire l'exposé des motifs du projet de loi de 1864. En voici des extraits : « Les écoles où on apprend une profession déterminée ont besoin de donner l'instruction particulière qui est propre à former la jeunesse pour l'exercice de cette profession. Tel est l'enseignement qu'elle reçoit dans les écoles des Ponts et Chaussées, des Mines, des constructions navales, dans les écoles d'Arts et Métiers et mille autres qui lui sont ouvertes par l'État et par les particuliers. Les écoles nouvelles n'étant point destinées à des besoins du même genre, il est manifeste qu'il faut en exclure cet enseignement *technique, particulier pour chaque profession* et le *laisser* dans le domaine des écoles spéciales et de l'apprentissage. Mais il y a une *culture de l'esprit* qui est indispensable dans notre temps pour suivre les carrières du commerce et de l'industrie, comme il y a des *connaissances générales* qu'on doit posséder, quelle que soit celle qu'on veuille choisir. » Le nouvel enseignement doit porter la jeunesse « à un niveau suffisamment élevé, et lui donner des *connaissances générales* dont elle se servira un jour pour apprendre à diriger avec succès le domaine agricole, l'usine, le comptoir et l'atelier. » Il s'adresse « à la jeunesse qui ne se destine ni aux états mécaniques, ni aux carrières savantes; il lui fait acquérir des *connaissances générales* et la conduit vers la profession dans les écoles de l'industrie, du commerce, de l'agriculture, comme l'enseignement classique conduit vers les carrières qui exigent l'étude des langues et des littératures anciennes. »

La pensée des fondateurs de l'enseignement spécial me paraît suffisamment connue. Leur but était, non de préparer directement et immédiatement à un *métier* déterminé dont l'élève ou les élèves auraient déjà fait choix, mais de leur donner un ensemble de *connaissances générales* qui sont utiles ou nécessaires à tout homme bien élevé, indépendamment de la profession qu'il exerce; de les préparer à toutes les carrières, sans conduire directement à aucune; d'élever un enfant, non pour un métier spécifié, mais pour tous ceux auxquels il peut se trouver apte, n'ayant aucune prétention d'enseigner ce que l'expérience et la pratique seules du métier peuvent apprendre.

M. Bigot, pour affirmer aussi catégoriquement qu'il l'a fait, que l'enseignement spécial est « professionnel » et qu'il « prépare à un métier », a dû avoir des données pour justifier sa manière de voir ou de penser, à moins qu'il n'ait cru qu'il lui su... rait d'avancer résolument, nettement et avec assurance une idée pour l'imposer. Eh bien! si M. Bigot possède ces données, qu'il les fasse connaître; qu'il veuille bien me dire dans quel lycée, dans quel collége de France ou de Navarre, on a préparé un élève, un seul élève, à un métier et à quel métier. Qu'il cite un établissement, un seul. On pourra alors aller aux renseignements et vérifier le degré de vérité de ses assertions. Mais tant que cette preuve ne m'aura pas été fournie, palpable, saisissable, indiscutable, je persisterai à croire que l'enseignement spécial ne vise aucune profession particulière, qu'il n'est pas professionnel, et qu'il se propose, non seulement de transmettre à l'élève, sur chacun des objets différents d'études compris dans le programme, des connaissances aussi étendues que son aptitude peut le comporter, mais encore de développer l'ensemble de ses facultés et d'accroître l'énergie de son intelligence par le concours et l'action réciproques de ces diverses études; que par suite, il est, comme l'enseignement classique, mais dans un autre ordre d'idées, essentiellement *général et éducateur*.

M. Bigot est donc en opposition formelle d'idées avec M. Duruy et avec ceux qui, de près ou de loin, concoururent avec lui à fonder l'enseignement spécial. Je le répète, (et cela ressort nettement de leurs déclarations), leur pensée était de créer un enseignement qui devait être *secondaire* et non pas *primaire supérieur*, un enseignement qui serait *général* et non pas *professionnel*.

CHAPITRE II

Ce que devait être l'enseignement spécial dans la pensée de ceux qui le réorganisèrent en 1882.

M. Bigot pourrait être tenté de me répondre : « Vous parlez de 1864 et de 1865. C'est de l'histoire ancienne que tout cela. On ne pense plus aujourd'hui comme en 1865. » Soit, répliquerai-je. Mais vous avez invoqué les intentions de M. Duruy au moment où il fonda l'enseignement spécial. J'ai voulu vous prouver que vous les ignorez. Il vous plaît maintenant d'invoquer le témoignage des contemporains. Soit encore. Je vous suivrai sur le terrain que vous venez de choisir vous-même.

Vous savez sans doute, ou plutôt vous ne le savez pas, qu'il y a eu, en 1882, une révision des programmes de 1865. Cette révision des programmes, ou si vous le préférez, cette réorganisation de l'enseignement spécial fut étudiée et préparée par une commission élue par le conseil supérieur de l'instruction publique et composée de MM. *Berthelot*, *Paul Bert*, *Beudant*, *Bréal*, *Carriot*, *Dubief*, *Egger*, *Ferraz*, *Fustel de Coulanges*, *Gavarret*, *Gréard*, *Haraucourt*, *Huschard*, *Jacquier*, *Lagoguey*, *Lespiault*, *Manuel*, *Melouzay*, *Morel*, *Vintéjoux*, *Voigt*, *Zévort*. Je ne vois pas beaucoup de représentants de l'enseignement spécial parmi les membres de cette commission. Je n'y distingue pas non plus beaucoup d'adversaires de l'enseignement classique. A supposer que M. Bigot, par un don de double vue, dont je n'ai pas le bonheur d'être doué, fût porté à nier les sentiments de cette commission, il n'aurait qu'à parcourir, même d'un œil distrait, le paragraphe final du rapport, rédigé, au nom de la commission, par M. Georges Morel, ce même ami à qui il a dédié le livre dont je parle. Il y lirait les lignes suivantes : « J'espère, Messieurs, vous avoir résumé exactement les travaux de votre commisson. *Ceux qui la composaient sont, à très peu d'exceptions près, les représentants de l'enseignement classique, et vous ne les soupçonnerez pas d'avoir, en cette circonstance, oublié ce qu'ils lui devaient.* »

Ce sont des classiques, parmi lesquels des amis, des camarades d'école de M. Bigot, qui ont réorganisé l'enseignement spécial. Voulez-vous connaître les principes qui les guidèrent dans ce travail, ou plutôt ce qu'est l'enseignement spécial d'après cette commission et d'après le conseil supérieur qui adopta ses conclusions ? Continuez la lecture du rapport de M. Morel.

« Aujourd'hui, y est-il dit, que les préjugés ou les dédains qui ont accueilli cet enseignement à sa naissance ne sont plus de saison, et qu'un budget, d'année en année plus généreux, permet de le doter comme il convient, le moment est venu de l'établir *à côté de l'enseignement classique, dans le rang auquel il a droit.* »

Il apparaît donc que la commission voulut ne pas faire de l'enseignement spécial un enseignement qui fût au-dessous de l'enseignement classique, mais à *côté*, qui lui fût parallèle, en d'autres termes, un enseignement qui fût secondaire.

Désirez-vous connaître la pensée à laquelle obéissait la commission? lisez encore le rapport; vous acquerrez la certitude qu'elle voulut « non seulement munir les élèves de *notions pratiques et immédiatement utiles,* mais aussi leur donner un peu de cette *culture désintéressée* et *supérieure* qui *est le but et l'honneur de l'enseignement secondaire,* » et leur faire connaître l'antiquité grecque et latine « par son histoire et ses principaux monuments littéraires, autant qu'il est nécessaire aux honnêtes gens d'un pays tel que le nôtre. »

Plus loin encore, le rédacteur ajoute que la commission a cru devoir constituer cet enseignement « comme un organisme indépendant, qui se suffise à lui-même et montrer que ces études, bien conçues et bien suivies, *peuvent, parallèlement aux études classiques, nourrir et fortifier les intelligences.* »

M. Morel n'appartient pourtant pas à l'époque préhistorique. Il est notre contemporain; il vit au milieu de nous. M. Bigot, qui a été son camarade de promotion à l'École normale et qui est son ami, aurait facilement pu se mettre en relation avec lui pour avoir des explications sur les passages du rapport qui lui auraient paru obscurs.

Peut-on, d'après ce qui précède, avoir des doutes sur la pensée des réformateurs de l'enseignement spécial ? N'étaient-ils pas convaincus qu'ils organisaient un enseignement secondaire et qu'ils lui donnaient un caractère général et non pas professionnel ?

Ont-ils réussi ? Pour répondre à cette question, il suffit d'examiner la répartition du temps consacré aux études, de lire les programmes et de voir ce qu'ils contiennent.

L'enseignement spécial renferme trois cycles. Le premier cycle comprend le cours élémentaire; le deuxième, le cours moyen; le troisième, le cours supérieur. « Nous vous proposons, dit M. Morel, outre un cours élémentaire, dont les programmes seront les mêmes que ceux de la division correspondante de l'enseignement classique, deux séries d'études graduées et méthodiques, en d'autres termes, un cours moyen et un cours supérieur, l'un de trois, l'autre de deux années. Le premier suffirait aux élèves qui veulent entrer le plus tôt possible dans les carrières auxquelles conduit naturellement l'enseignement spécial, le second recevrait ceux qui désirent pousser plus avant leurs études et aborder, après une préparation plus sérieuse, toutes les professions pour lesquelles la connaissance du latin n'est pas exigée. »

Que contiennent les programmes dans leur ensemble ?

Pour la partie scientifique :

1° L'arithmétique et la géométrie élémentaire, exactement comme pour la classe des mathématiques élémentaires de l'enseignement classique. — 2° L'algèbre ; — 3° la trigonométrie ; — 4° la géométrie descriptive, beaucoup plus développée que dans la classe de mathématiques élémentaires ; — 5° la mécanique, beaucoup plus développée que dans l'enseignement classique ; — 6° la cosmographie, plus étendue que dans l'enseignement classique ; — 7° la physique, telle qu'elle figure dans l'enseignement classique et en plus un certain nombre de questions se rapportant aux travaux récents ; — 8° la chimie, telle qu'elle figure dans le programme de l'enseignement classique et en plus une étude bien plus complète des métaux, la chimie organique et enfin des manipulations obligatoires en 2e, 3e, 4e et 5e années, manipulations qui ne figurent pas dans la classe de mathématiques élémentaires ; — 9° l'histoire naturelle obligatoire dans l'examen du baccalauréat spécial, alors qu'elle ne figure pas parmi les matières exigées pour l'examen du baccalauréat ès sciences.

M. Bigot peut se procurer les programmes, aussi bien ceux de la classe de mathématiques élémentaires que ceux de l'enseignement spécial. Ils se vendent à la librairie Delalain, rue des Écoles, il peut aussi se les procurer au ministère de l'instruction publique où il ne manque pas d'amis qui se feront un plaisir de les lui communiquer. Une fois en possession de ces deux documents, il lui sera facile de faire lui-même la comparaison. A supposer qu'il n'ait pas assez de confiance en ses lumières scientifiques, il pourra, comme je l'ai fait moi-même, s'adresser à un agrégé ès sciences de l'enseignement classique, et lui demander son avis.

Cette constatation faite, M. Bigot voudra-t-il admettre que de deux enseignements scientifiques, si celui, qui est le moins étendu, porte le nom d'enseignement secondaire, l'autre, qui renferme exactement les mêmes matières et un certain nombre d'autres en plus, doit également mériter ce nom?

Pour la partie littéraire, le programme des études de l'enseignement spécial comprend : 1° l'histoire de la littérature française ; — 2° l'histoire de la littérature grecque et latine; — 3° l'histoire sommaire des littératures étrangères; — 4° l'étude des morceaux choisis de prosateurs et de poètes français du onzième siècle jusqu'à nos jours ; l'étude des chefs-d'œuvre de Corneille, de Racine, de Molière; les fables de La Fontaine; madame de Sévigné, *Choix de lettres;* Voltaire, *Charles XII*, *Siècle de Louis XIV et Lettres choisies;* Boileau, *les Satires, les Épîtres, le Lutrin, l'Art poétique;* Descartes, *Discours de la méthode;* Pascal, *la quatorzième Provinciale;* Bossuet, *Oraisons funèbres d'Henriette d'Angleterre et du prince de Condé, Choix de Sermons;* La Bruyère, *Des biens de fortune et du mérite personnel;* Fontenelle, *Choix d'éloges des Académiciens;* Buffon, *Morceaux choisis;* Fénelon, *Télémaque et lettre à l'Académie;* Montesquieu, *Causes de la Grandeur et de la Décadence des Romains;* — 5° histoire ancienne, grecque et romaine; histoire générale jusqu'en 1875 et histoire générale de la civilisation ; 6° géographie physique, politique et économique des cinq parties du monde; — 7° morale, comprenant les notions préliminaires, les devoirs généraux de la vie sociale, les devoirs civiques, les devoirs domestiques, les principes généraux de la morale et la théorie des méthodes scientifiques; — 8° des notions de législation usuelle, commerciale et industrielle; — 9° des notions d'économie politique; — 10° langues vivantes, où figure, pour l'anglais, l'explication d'auteurs, tels que Walter-Scott, Washington Irving et Macaulay, et pour l'allemand : Lessing, Schiller et Gœthe; — 11° le dessin de l'ornement et de la figure appliqué à tous les styles et à toutes les époques, pour développer, par la comparaison des différents genres, la faculté créatrice des élèves et livrer un champ plus vaste à la conception, donner la hardiesse à la main et la justesse à l'œil; le dessin géométrique pour habituer l'esprit à la rectitude; — 12° des leçons (15 environ) sur l'histoire de l'art, dans le but d'élever l'intelligence déjà développée de l'élève à des idées d'un ordre supérieur et de l'habituer à ne pas prendre pour but unique de ses efforts la partie matérielle et pratique de l'art.

J'ai beau m'écarquiller les yeux, regarder à travers une loupe, je ne puis distinguer, dans cet ensemble de matières, quelque chose qui ressemble, de près ou de loin, à un enseignement primaire supérieur, tel que l'avait conçu la loi de 1833, qui n'a jamais été appliquée, tel qu'il existe actuellement, d'après des lois plus récentes, et tel que je me le représente moi-même. Aussi suis-je amené à formuler cette conclusion qu'un enseignement primaire supérieur ainsi organisé présenterait avec l'enseignement secondaire de si nombreux points de contact qu'on pourrait facilement le confondre avec lui. Enfin j'ai beau chercher le caractère professionnel de ces études, le métier direct qu'elles apprennent, je n'en puis découvrir un seul, et encore une fois suis-je obligé de faire appel aux lumières particulières de M. Bigot pour m'éclairer sur ce point.

Ainsi, que je recoure aux idées des fondateurs de l'enseignement spécial ou à celles de ceux qui l'ont réformé en 1882, je trouve que tous se sont proposé de créer un enseignement *secondaire* et non pas *primaire supérieur*, un enseignement *général* et non pas *professionnel*. Si je prends les programmes tels qu'on les applique actuellement, je trouve, dans la nature des matières à enseigner et dans leur répartition, les traces de cette double préoccupation. Ne serait-il pas permis, après cela, de croire que j'ai eu raison d'affirmer que M. Bigot ignore ce qu'est l'enseignement spécial. Toutefois je n'estime pas encore que ma démonstration soit suffisante et je veux la rendre plus complète.

CHAPITRE III

L'enseignement secondaire français de M. Bigot et l'enseignement spécial.

M. Bigot a l'imagination vive et de plus il est profond penseur. Aussi a-t-il conçu lui-même de toutes pièces un enseignement secondaire, qu'il nomme *enseignement secondaire français*. Il en trace les programmes et indique dans quel esprit il voudrait le voir donner. A la lecture de ces programmes et de la méthode préconisée pour les appliquer, on sent l'homme du métier. Mais on se demande si vraiment il lui a fallu se mettre en si grand mal pour accoucher d'une si petite souris. Qu'on en juge.

M. Bigot voudrait que son enseignement secondaire français fût « philologique ». « Son premier souci, dit-il (page 71) serait de définir tous les termes que l'enfant rencontre ou dont il fait usage, de le forcer à ne jamais se servir d'un mot, sans en connaître le sens exact, à distinguer les acceptions diverses d'un même mot, etc. »

J'ouvre les programmes d'enseignement spécial et je lis :

Classe préparatoire : Français, 8 heures par semaine : *explication d'auteurs français.*

Première année : Français, 7 heures : *explication d'auteurs français; exercices sur le vocabulaire; formation des mots, mots simples, dérivés, composés, synonymes, homonymes, etc. Groupement des mots par familles, par analogie de sens, par ordre de matières (les arts, les métiers, le commerce, l'industrie, l'agriculture, etc.); exercices oraux et écrits appropriés à cette étude.*

Deuxième année : Français, 5 heures : *exercices sur le vocabulaire; explication d'auteurs français.*

Troisième année : Français, 4 heures : *explication d'auteurs français.*

Quatrième année : Français, 4 heures : *explication d'auteurs français. Notions d'étymologie.*

Cinquième année : Français, 4 heures : *Suite des notions d'étymologie.*

Eh bien, ou le français n'est plus le français, ou l'enseignement n'est plus l'enseignement, ou bien je suis obligé de reconnaître que ce que demande M. Bigot, comme une innovation, existe déjà.

L'enseignement secondaire français, dit M. Bigot, (page 72) « serait grammatical. Il s'appliquerait à faire connaître à l'élève tous les tours de la phrase française, depuis la construction la plus simple jusqu'à la période la plus compliquée; il l'exercerait à les manier tour à tour, suivant les nuances de la pensée ou les mouvements du sentiment, » et pour atteindre ce résultat, M. Bigot voudrait avec raison, selon moi, qu'on portât l'attention surtout vers « l'analyse logique. »

J'ouvre le programme de l'enseignement spécial et je lis :

PRÉPARATOIRE : *Reproduction libre, de vive voix et par écrit, de morceaux faciles* lus en classe; et, pour la grammaire, cette recommandation : *Dans la classe préparatoire, comme dans les deux années suivantes, les règles seront surtout enseignées par l'usage. Le professeur ne manquera aucune occasion de faire constater aux enfants qu'ils appliquent instinctivement les règles de la grammaire. Il rattachera donc constamment son enseignement aux exemples fournis par le langage parlé ou écrit.*

PREMIÈRE ANNÉE : *Reproduction libre, de vive voix ou par écrit, de morceaux lus en classe. Compositions très simples sur des sujets familiers aux élèves.*

PRINCIPES D'ANALYSE LOGIQUE : *Exercices sur la construction. Décomposer une période en ses différentes parties; assembler, sans rien omettre, un certain nombre de propositions en une seule phrase, etc.*

DEUXIÈME ANNÉE : *Exercices sur la construction. Premiers exercices d'invention. Petits récits, lettres familières, descriptions.* Puis les rédacteurs du programme ont mis entre parenthèses : « Ces compositions seront surtout empruntées aux événements de la vie privée ou scolaire, aux souvenirs personnels des élèves, aux matières des autres enseignements : description d'un objet usuel, récit d'une promenade, phénomène naturel observé et décrit, trait de mœurs ou de caractère, etc. »

Enfin, analyse orale ou écrite de morceaux lus hors de la classe sur l'indication du professeur.

TROISIÈME ANNÉE : *Principales qualités du style et règles essentielles de la composition, étudiées, non d'après un cours théorique, mais sur les textes et à l'occasion de devoirs journaliers. Lettres, narrations, développements d'une idée morale; résumés et analyses d'auteurs. Principes de versification française.*

QUATRIÈME ANNÉE : *Notions sur les divers genres de compositions littéraires, en prose et en vers, à l'occasion et au moyen de morceaux choisis. Compositions sur des sujets de littérature, de morale et d'histoire. Lettres d'affaires, rapports sur des sujets techniques, traduction orale ou écrite de vieux français* (XVe et XVIe siècles).

CINQUIÈME ANNÉE : *Compositions sur des sujets littéraires, scientifiques et économiques. Exposition de vive voix, après préparation, de questions empruntées aux cours de morale et d'économie politique.*

Eh bien, à moins que je n'aie complètement perdu le sens des choses de l'enseignement, il me semble voir dans cette conception de l'enseignement du français, dans la disposition des matières, dans leur graduation, dans leur combinaison, dans la méthode prescrite, un enseignement grammatical propre à « *former des esprits justes* », qui, « *au lieu de s'arrêter aux subtilités et aux curiosités,* » porte l'attention des élèves « *vers l'analyse logique* » ; qui s'attache « *à faire connaître à l'élève tous les tours de la phrase française, depuis la construction la plus simple jusqu'à la période la plus compliquée* » ; qui l'exerce « *à les manier tour à tour suivant les nuances de la pensée ou les mouvements du sentiment* » ; qui habitue les élèves à « *manier leur langue avec correction d'abord, puis avec élégance et d'une façon plus libre* » ; qui se préoccupe « *de développer aussi harmonieusement que possible toutes les facultés* » ; qui se charge de fournir à l'élève les moyens de ne pas traverser « *les hautes classes sans s'être exercé à tous les genres d'écrire qui pourront un jour lui être utiles* » (page 73) ; qui fait même « *entre ces exercices une petite place à la poésie française* » (page 73) ; qui, par « *le choix des sujets habilement combiné* », vise à attirer « *successivement l'attention sur toutes les grandes idées générales, politiques ou morales* » (page 73). Cet enseignement répond donc à l'idéal de M. Bigot.

« Nous demandons, s'écrie M. Bigot, que l'enseignement du français soit vraiment un enseignement littéraire. Ici il n'est qu'un moyen, mais celui-là est sûr : c'est de faire vraiment connaître aux jeunes gens nos grands écrivains, c'est de les faire vivre pendant plusieurs années dans leur commerce intime. »

J'ouvre les programmes de l'enseignement spécial et je vois :

Préparatoire : *Fables de La Fontaine* (les plus simples). *Fables de Florian et d'autres fabulistes français. Recueil de morceaux choisis de prosateurs et de poètes.*

Première année : Recueil de morceaux choisis de prosateurs et de poètes.

Fénelon : *Télémaque* (les livres V, VII, X et XII).

Buffon : *Morceaux choisis.*

Boileau : *Satires.*

Deuxième année : Morceaux choisis de prosateurs et de poètes classiques français (XVIIe et XVIIIe siècles).

Madame de Sévigné : *Choix de lettres.*
Voltaire : *Histoire de Charles XII.*
La Fontaine : *Les six premiers livres des Fables.*
Racine : *Esther.*
Boileau : *Le Lutrin.*

TROISIÈME ANNÉE : Morceaux choisis de prosateurs et des poètes français des XVIIe, XVIIIe et XIXe siècles.
Voltaire : *Siècle de Louis XIV* (particulièrement les chapitres XXXI, XXXII et XXXIV).
La Fontaine : *les six derniers livres des Fables.*
Corneille : *Le Cid,*
Racine : *Athalie,*
Molière : *L'Avare.*
Boileau : *Les Épîtres.*

QUATRIÈME ANNÉE : Morceaux choisis de prosateurs et de poètes français des XVIe, XVIIe, XVIIIe et XIXe siècles.
Bossuet : *Oraisons funèbres d'Henriette d'Angleterre et du prince de Condé.*
La Bruyère : *Des biens de fortune et du mérite personnel.*
Fontenelle : *Choix d'éloges des Académiciens.*
Voltaire : *Lettres choisies.*
Corneille : *Horace, le Menteur.*
Racine : *Iphigénie, les Plaideurs.*
Molière : *Les Femmes savantes, le Bourgeois gentilhomme.*
Boileau : *L'Art poétique.*

CINQUIÈME ANNÉE : Morceaux choisis de prosateurs et de poètes français, du XIe siècle jusqu'à nos jours.
Descartes : *Discours de la Méthode* (1re et 2e parties).
Pascal : XIVe *Provinciale* (*sur l'homicide*).
Bossuet : *Choix de Sermons.*
Fénelon : *Lettre à l'Académie.*
Montesquieu : *Causes de la Grandeur et de la Décadence des Romains.*
Corneille : *Cinna, Polyeucte.*
Racine : *Britannicus.*
Molière : *Le Misanthrope.*

Cette récapitulation me fortifie dans ma conviction, à savoir que M. Bigot n'a rien inventé, pas même l'enseignement secondaire français. Je vois, en somme, les élèves de l'enseignement secondaire spécial vivre pendant six ans « *dans le commerce intime* » des chefs-d'œuvre en tous genres de nos meilleurs écrivains. M. Bigot n'a pas demandé autre chose. Je continue.

« Une fois cette connaissance des œuvres acquise, ajoute M. Bigot (page 76), je voudrais, pour compléter et éclairer cette connaissance, un cours de littérature française. Il montrerait l'évolution accomplie depuis quatre siècles par notre esprit national ; il ferait voir comment s'enchaînent et s'expliquent les grands mouvements de notre littérature, soit au point de vue des formes de l'art, soit au point de vue des idées qui se succèdent ; il mettrait chaque écrivain à sa place dans ce vaste tableau, et c'est la société française elle-même et son histoire qu'on aurait ainsi expliquées. »

Je prends les programmes de l'enseignement spécial. Qu'y vois-je ?

TROISIÈME ANNÉE : *Histoire sommaire de la littérature française, notamment depuis le* XVIe *siècle jusqu'à nos jours, accompagnée de la lecture de textes choisis.*

QUATRIÈME ANNÉE : *Histoire sommaire de la formation de la langue française.*

CINQUIÈME ANNÉE : *Histoire littéraire des* XVIIe, XVIIIe *et* XIXe *siècles. On devra commencer le* XVIIIe *siècle dès le second semestre, pour avoir le temps de faire, avec quelque développement, les principaux écrivains des* XVIIIe *et* XIXe *siècles.*

Ne vous semble-t-il pas que la conception de M. Bigot manque de nouveauté.

« Et je n'ai pas tout dit encore, » s'écrie M. Bigot. « Il ne suffirait pas, à mon sens, que l'enseignement littéraire se bornât à parler de la littérature française et à la faire connaître. Il ne peut être permis à aucun esprit cultivé d'ignorer les noms et les ouvrages des écrivains de la Grèce et de Rome, pas plus que d'ignorer l'histoire politique de ces cités. Qui peut bien comprendre, d'ailleurs, notre tragédie classique, s'il ne connaît la tragédie grecque, ou l'éloquence française, s'il ne connaît l'éloquence antique ? Ici, sans doute, il ne pourrait être question de mettre les élèves en présence des textes eux-mêmes, puisque la langue leur serait inconnue. Mais heureusement tous ces chefs-d'œuvre ont été traduits depuis longtemps en français, et, si les traductions ne rendent qu'imparfaitement le mérite des ouvrages, elles en laissent subsister au moins la construction générale, les pensées, les sentiments. On ne leur ferait lire en grec et en latin ni Homère et Sophocle, ni Virgile ou Cicéron, ni Platon et Sénèque ; mais on leur en lirait des traductions. » (page 77).

C'est fort bien dit et justement pensé, M. Bigot ; mais, ouvrez les programmes de l'enseignement spécial, vous trouverez :

Quatrième année : *Recueil de morceaux traduits des prosateurs et des poëtes latins et grecs.*

On y avait donc songé avant vous.

« On leur ferait connaître aussi, dit M. Bigot, par une série de leçons historiques, dans quel ordre ces ouvrages se sont succédé et quelle évolution ils ont tout à la fois marquée et accélérée dans la civilisation grecque et dans la civilisation romaine. » (page 77).

Vous avez encore raison, absolument raison; mais ouvrez les programmes de l'enseignement spécial et lisez :

Quatrième année : *Histoire sommaire de la littérature grecque et latine. On parlera surtout des écrivains et des œuvres qui ont fourni des modèles aux littératures modernes.*

Enfin, comme M. Bigot est un homme qui se connaît en matière d'instruction, il ajoute (page 77) : « Ce que l'on ferait ainsi pour la Grèce et l'Italie on le pourrait faire aussi pour les littératures modernes des pays qui nous entourent. Avec quelques leçons seulement on apprendrait aux élèves l'essentiel, dont aujourd'hui presque aucun bachelier ne sait un mot sur le caractère et les principales périodes du mouvement littéraire de l'Italie, de l'Espagne, de l'Angleterre et de l'Allemagne. »

Tout cela est frappé au coin du bon sens. Inutile d'ajouter, n'est-ce pas, que je suis tout à fait de votre avis, M. Bigot; mais ouvrez les programmes d'enseignement spécial et lisez :

Cinquième année : *Histoire sommaire des littératures étrangères : Italie, Espagne, Angleterre, Allemagne. On n'insistera que sur les principaux écrivains.*

Ne dirait-on pas que M. Bigot lui-même a rédigé les programmes. De l'examen qui précède on peut voir que tout ce que M. Bigot demande pour la partie littéraire, dans un enseignement français sans grec ni latin, se trouve expressément compris dans les programmes de l'enseignement secondaire spécial. Il n'a rien, mais rien innové.

L'ambition de M. Bigot ne se borne pas à l'étude du français, de la littérature française, de la littérature grecque et romaine et des littératures des pays « qui nous entourent. »

« Personne, dit-il (page 79), ne conteste aujourd'hui l'importance de l'enseignement historique et l'enseignement de l'histoire ne va pas sans celui de la géographie. » Partant il demande une place pour l'étude de l'histoire et pour celle de la géographie.

Que M. Bigot veuille bien se donner la peine de parcourir les programmes de l'enseignement spécial, il lira :

Première année : *Histoire des peuples de l'Orient, des Grecs et des Romains.*

Deuxième année : *Histoire générale de 395 à 1610.*

Troisième année : *Histoire de France et des temps modernes, de 1610 à 1875.*

Quatrième année : *Histoire de la civilisation : institutions, religions, mœurs. Monuments, commerce, industrie, colonies, depuis l'origine jusqu'en 1610.*

Cinquième année : *Temps modernes et contemporains (1610-1875), toujours au point de vue des institutions, du grand mouvement des idées philosophiques, des révolutions politiques et économiques, des découvertes scientifiques.*

Que M. Bigot lise le programme de chaque année, en détail, il se convaincra que tout est conçu dans un esprit large, tout est bien coordonné et bien complet. Un professeur spécial d'histoire de la Faculté de Paris m'a fait l'éloge de ces programmes et les trouve fort bien faits. Cela me suffit, d'autant que ce professeur n'est pas le premier venu. Il est déjà connu pour la clarté et l'élévation de son enseignement.

M. Bigot acquerra aussi la certitude que la géographie n'a pas été oubliée. D'ailleurs, pour lui éviter toute perte de temps, je transcris le programme :

Première année : *Géographie physique, politique et économique de l'Afrique, de l'Asie, de l'Océanie et de l'Amérique.*

Deuxième année : *Étude générale de l'Europe et des divers États qui la composent.*

Troisième année : *Géographie physique, politique, administrative et économique de la France et de ses possessions coloniales.*

Je ne doute pas que ce programme ne paraisse incomplet à M. Bigot. Je me hâte de lui donner entièrement satisfaction en me rangeant de son avis. Je ne crois pas, en effet, qu'en première année, il soit possible à un professeur, fût-il le meilleur et le plus actif, de faire à des enfants, de 12 à 13 ans, 14 ans au plus, d'une façon complète et profitable, la géographie physique, politique et économique de l'Afrique, de l'Asie, de l'Océanie et de l'Amérique. Je ne fais pas d'objection relativement aux programmes de deuxième et de troisième années. D'ailleurs je n'ai pas sur la géographie une compétence suffisante pour les critiquer avec autorité. Tels qu'ils sont, ils me semblent acceptables. Mais quelle que soit mon incompétence, je ne puis que déplorer l'oubli qu'on a fait de la géographie dans la quatrième et dans la cinquième année. Dans ces classes, les élèves, par leur âge et par l'ensemble des connaissances qu'ils ont déjà acquises, se trouveraient, à mon avis, bien préparés pour tirer un réel profit de l'étude de la géographie économique. Le moment ne serait-il pas bien choisi pour faire comprendre aux élèves que les inventions, les moyens rapides de transport ont changé les conditions d'existence des marchés publics; que dans le grand mouvement des échanges, dans la concurrence à outrance que se font les nations comme les individus, l'avantage est assuré au mieux renseigné et au plus instruit; pour leur apprendre avec intelligence la géographie commerciale des pays éloignés, leur faire connaître les produits fournis par les industries extractive, manufacturière et agricole des principales contrées, le gisement et l'importance des matières premières de grande consommation, les produits que consomment et fabriquent les places les plus importantes, les moyens de communication, les poids, les mesures, les monnaies dont on fait usage, le mode de vente et les usages commerciaux relatifs aux marchandises de grand trafic; pour leur exposer ce qu'il convient à la France de faire pour soutenir contre des nations rivales une concurrence de jour en jour plus active et qui menace de l'écraser? Ce sont des notions qui trouvent naturellement leur place dans un enseignement moderne et qui, si elles sont indispensables à de futurs négociants et à de futurs industriels, sont loin d'être inutiles à ceux qui se destinent à d'autres carrières et qui peuvent être appelés, dans notre pays de suffrage universel, à faire partie d'assemblées délibérantes, petites ou grandes, et à s'y occuper des intérêts publics. Sur ce point des modifications seraient nécessaires. Je ne doute pas que la commission de révision des programmes, que vient de nommer le ministre de l'instruction publique, ne porte son attention sur cette lacune regrettable et ne la comble au plus vite.

Je regarde comme un devoir de faire part à M. Bigot d'une remarque que m'a faite un professeur d'histoire et de géographie. La voici. En 1865, m'a-t-il dit, l'enseignement de la géographie dans nos lycées et colléges était à peu près nul. Ce qu'il fallait savoir de géographie pour passer l'examen du baccalauréat ès lettres se réduisait à presque zéro. On aurait pu l'enseigner en sept ou huit leçons et on n'y consacrait guère plus de temps. On ne faisait même pas un cours de géographie ; on la faisait apprendre dans un livre. C'est l'enseignement spécial qui lui accorda dans ses programmes une place véritablement large et conçut cet enseignement dans le véritable esprit où il doit être donné, et avec sa véritable méthode et avec son véritable caractère Depuis 1870, on a deux fois modifié les programmes de l'enseignement classique. Chaque fois, pour la géographie, on a copié les programmes de l'enseignement spécial, recommandé sa méthode, comme la seule rationnelle, et ses procédés d'enseignement. Mais, en dépit de ces réformes, la géographie est loin d'être partout aussi bien enseignée dans l'enseignement classique que dans l'enseignement spécial. La raison en est, d'après ce professeur, que le plus grand nombre des professeurs classiques ont pour cet enseignement moins de goût que pour celui de l'histoire. Et il ajoute, à ce propos, que les professeurs sortis de Cluny enseignent en général fort bien la géographie. Je ne suis pas fâché, soit dit en passant, d'avoir cette opinion d'un classique pour l'opposer à celle de M. Bigot, sur le personnel sorti de Cluny.

M. Bigot demande une place pour les langues vivantes et il prétend que cet enseignement « n'existe chez nous que depuis quelques années, depuis que l'on a consenti à lui faire une place dans les classes inférieures, à lui accorder le temps dont il a besoin, à lui donner un caractère essentiellement pratique. » (Page 80).

M. Bigot se montre injuste volontairement ou involontairement, j'aime mieux croire involontairement, n'aimant pas à attribuer à autrui de mauvais desseins. C'est l'enseignement spécial qui le premier accorda aux langues vivantes une place honorable. M. Bigot s'en convaincra facilement s'il compare ce qu'était en 1865 l'enseignement des langues vivantes dans les lycées et les collèges avec la place qu'elles occupaient dans les programmes de l'enseignement spécial; s'il compare surtout la façon dont on les enseignait avec la méthode que recommande aux professeurs le rédacteur des programmes. Il verra que, pour la première fois en France, on donna à cet enseignement, qu'on établit jusque dans la classe préparatoire, un caractère « essentiellement pratique ». C'est M. Duruy qui, le premier de tous nos grands maîtres de l'Université, se préoccupa de donner aux langues vivantes le rang qu'elles doivent occuper dans notre système d'instruction et c'est dans l'enseignement spécial qu'il les implanta.

Il fit plus. Pour qu'elles fussent bien enseignées, il résolut de former des professeurs français. A cet effet, il créa, à l'école de Cluny, une section de langues vivantes. Les élèves de cette section étudiaient l'anglais ou l'allemand à l'école pendant deux ans, sous la direction de bons professeurs (car l'école avait alors de vrais maîtres, quoi qu'en pense M. Bigot, et si elle a cessé d'en avoir, à qui la faute?). Après deux ans d'études, ils subissaient à l'école même un examen devant des examinateurs venus de Paris. Ceux qui faisaient preuve de connaissances solides, allaient, aux frais du gouvernement, dans le pays dont ils avaient étudié la langue, passer une ou deux années. A leur retour, ils prenaient part, à Paris, au concours pour le certificat d'aptitude à l'enseignement des langues vivantes. Puis ils étaient placés et faisaient des professeurs infiniment supérieurs à ces étrangers, n'ayant du professeur que le nom, qui avaient jusque-là presque exclusivement enseigné chez nous.

La création de la section des langues vivantes à l'école de Cluny fut-elle une bonne inspiration de M. Duruy? A-t-elle produit des résultats? Non, répondra M. Bigot, avec l'audace d'un homme qui a la prétention de ne pas se tromper. Je ne serai pas si affirmatif. Je me bornerai à lui citer ce qui suit. Un professeur de langues vivantes d'un lycée de Paris, qui fut envoyé trois ans de suite à Cluny pour faire passer l'examen dont j'ai parlé plus haut, m'a plusieurs fois parlé de Cluny et si je ne rapporte pas ses termes mêmes, je suis absolument certain de reproduire exactement le sens de sa conversation. « Je trouvais là, dit-il, des jeunes gens, pour la plupart anciens élèves d'école normale primaire, qui n'avaient jamais appris un mot de langues vivantes avant d'aller à Cluny. Ils avaient de la langue qu'ils avaient étudiée une connaissance grammaticale assez développée; un vocabulaire assez étendu pour répondre à mes interrogations dans la langue même et pour converser avec moi dans cette langue. Naturellement la prononciation laissait à désirer; mais c'était un détail dont je me préoccupais peu du moment qu'ils allaient séjourner à l'étranger. Ils faisaient des versions parfois très bonnes et des thèmes très passables. La première fois que j'allai à Cluny, ma surprise, je l'avoue, fut grande, car je n'avais que médiocrement cru au succès de la tentative de M. Duruy. Je dus revenir de mon erreur et je le fis de bonne grâce, n'étant pas de parti pris. Presque tous ces jeunes gens, après leur séjour à l'étranger, ont subi à Paris, avec succès, les examens du certificat d'aptitude. Un certain nombre ont été reçus à l'agrégation, soit d'anglais, soit d'allemand; parfois ils sont arrivés bel et bien les premiers. Je ne doute pas qu'ils ne soient d'excellents maîtres de langues vivantes. Quelques-uns sont déjà dans les lycées de Paris où ils ne font pas mauvaise figure. L'administration supérieure a eu bien tort de ne pas persister dans la voie où s'était engagé M. Duruy. Nous pourrions avoir aujourd'hui au moins cent cinquante professeurs formés par nous qui rendraient de bien grands services à notre pays. »

Que M. Bigot retienne ces quelques paroles d'un homme qui parle en connaissance de cause et qu'il voie s'il ne lui convient pas de cesser de médire des brevetés primaires qui sont entrés à Cluny.

Cela dit, je m'empresse de rassurer M. Bigot et de lui annoncer que les programmes de 1882 consacrent aux langues vivantes, six heures par semaine dans la classe préparatoire, quatre heures dans la première année, quatre heures dans la deuxième, trois heures dans la troisième, trois heures dans la quatrième et quatre heures dans la cinquième année. Elles n'ont donc pas été oubliées.

M. Bigot désirant constituer un enseignement secondaire français complet, demande pour les sciences « une place considérable. » S'expliquant « sans réserve sur le caractère que doit avoir cet enseignement » il déclare (page 81) que « ce serait le rabaisser que de lui donner un caractère surtout pratique et utilitaire. » « Il importe, ajoute-t-il, qu'il serve, dans l'instruction secondaire, au progrès général de l'esprit, qu'il soit pour l'intelligence une gymnastique et vigoureuse et rigoureuse ; qu'il fasse bien connaître et bien saisir les méthodes diverses et les fasse mettre en pratique ; que, après l'avoir reçu, on soit entré en possession de ces idées générales que doit le monde moderne aux savants qui, depuis quatre siècles, ont consacré leur vie à l'étude de l'univers et à la découverte de ses lois. »

J'ai ici la satisfaction de constater que les professeurs d'enseignement spécial eux-mêmes sont en parfaite communion d'idées avec M. Bigot, sur le caractère de cet enseignement. Comme lui, ils veulent qu'il ne soit pas rabaissé. Je trouve la preuve de ce touchant accord dans le journal *l'Université*. Ce journal ou, si on veut, cette revue, publie les procès-verbaux des séances de la *Société pour l'étude*

3.

des questions d'enseignement secondaire. Cette société est divisée en groupes. Il y a un groupe pour l'enseignement secondaire spécial où sont discutées et étudiées les questions touchant à cet enseignement. Dans la séance du 20 février 1886, dont le procès-verbal a été publié dans l'*Université* du 10 mars, le groupe a discuté la question des sanctions à accorder au baccalauréat spécial. M. Combes termine un discours qu'il prononça en faveur des sanctions, par les considérations suivantes : « Qu'on ne se trompe pas sur ma manière de voir : bien loin de demander un enseignement secondaire exclusivement *utilitaire et pratique*, je désire, au contraire, un enseignement qui donne aux élèves une *bonne instruction littéraire, une instruction scientifique sérieuse* et qui ait *pour but principal de former le jugement, de développer les facultés intellectuelles*, afin que, plus tard, ces mêmes élèves, devenus hommes, puissent remplir honorablement les carrières qu'ils auront choisies, ou que les circonstances de la vie leur auront imposées. » (*Université* du 10 mars 1886, page 73.)

Telle est l'opinion des professeurs de l'enseignement spécial. M. Combes est, je crois, professeur de cet enseignement au lycée Charlemagne.

Je poursuis. M. Bigot peut être sans inquiétude au sujet de la place faite aux sciences dans l'enseignement spécial. Pas plus que lui « je n'aurais qualité ni pour déterminer leur place exacte, ni pour indiquer les détails de leurs programmes » ni pour apprécier la valeur des programmes actuels. Ce n'est donc pas mon appréciation personnelle que je vais émettre, pas plus que celle d'un professeur d'enseignement spécial, dont il pourrait suspecter la compétence, mais celle d'un agrégé de mathématiques, ex-Normalien. Il m'a déclaré que les programmes scientifiques, dans leur ensemble, sont plus étendus que ceux de la classe des mathématiques élémentaires de l'enseignement classique ; qu'ils contiennent bien quelques parties en moins, mais qu'ils en contiennent aussi en plus ; que quelques heures suffiraient pour enseigner ce qu'ils contiennent en moins, mais pour enseigner ce qu'ils contiennent en plus, il faudrait certainement une année entière ; que cet enseignement a un caractère beaucoup plus théorique que pratique, et que la partie pratique qui s'y trouve ne peut que fortifier la partie théorique. Voilà donc les vœux de M. Bigot encore une fois exaucés. Je donne cette appréciation telle qu'elle m'a été fournie par un homme que j'estime compétent. Si elle est erronée, l'erreur ne peut m'être imputée.

M. Bigot peut donc appliquer à l'enseignement spécial les effets qu'il attribue (page 81) à l'enseignement secondaire français inventé par lui et dire : « le jeune homme qui aura terminé ses études d'enseignement secondaire (spécial) sortira du collége avec un esprit bien équilibré, possédant déjà beaucoup de solides connaissances, capable d'en acquérir de nouvelles, et, ce qui est le principal, désireux de les acquérir et sentant ce qui lui manque encore. »

M. Bigot ne se représente pas son enseignement secondaire français « sans une bonne et forte philosophie, telle qu'elle existe aujourd'hui dans nos lycées de l'enseignement classique » (page 82). Son opinion est très controversée. Si elle compte des partisans ardents, elle a des adversaires non moins convaincus, même parmi les bons esprits. Il le reconnaît d'ailleurs lui-même. J'avoue, pour ma part, n'avoir pas mon siége fait. Je ne suis ni pour ni contre. Je ne méconnais pas l'influence ni l'importance des études philosophiques.

Pour cette faculté seulement, les programmes de l'enseignement spécial ne lui donnent pas entière satisfaction. Ce n'est pas qu'ils ne contiennent aucune étude philosophique; mais ils n'admettent que deux branches de la philosophie; la morale et la logique. Ils consacrent à cette étude deux heures en troisième et deux heures en cinquième année. Peut-être pourrait-on avec quatre heures faire davantage; mais je n'oserais l'affirmer. Il serait d'ailleurs facile de combler cette lacune. M. Bigot ne pourra toujours pas nier que les programmes ne lui donnent aucune satisfaction. Ils admettent au moins le principe, et c'est le seul point où ils ne soient pas tout à fait semblables à ceux qu'il trace lui-même.

Enfin les programmes de l'enseignement spécial contiennent plus que n'en demande M. Bigot pour son enseignement secondaire français. Ils renferment l'étude des principes de la législation civile, commerciale et industrielle et enfin des notions sur les lois fondamentales de l'économie politique. Ces connaissances fussent-elles très sommaires (ce que je désire), ne me paraissent pas dépaysées dans un enseignement moderne. Qu'en pense M. Bigot ?

M. Bigot, après avoir tracé les programmes d'un enseignement secondaire français qu'il croit nouveau, s'écrie triomphalement au début du chapitre suivant (page 85).

« On a pu voir, par ce qui précède, si rapides et forcément incomplètes qu'aient été nos indications, combien diffère ce que nous proposons de ce qui existe aujourd'hui sous le nom d'enseignement secondaire spécial. »

Ma foi, j'avoue humblement ne pas le voir. Cette différence, je la distingue d'autant plus difficilement que, pour tout, sauf pour la philosophie que M. Bigot demande complète et que les programmes d'enseignement spécial ne lui accordent qu'en partie, qu'à part les notions de législation et d'économie politique qu'il ne demande pas et que les programmes admettent, les ressemblances sont si absolument frappantes, qu'on serait tenté de croire que M. Bigot, lui-même, a rédigé les programmes de l'enseignement secondaire spécial.

Mais puisque vous voyez cette différence si profonde et si nette, indiquez-la moi, M. Bigot; éclairez-moi de vos lumières particulières. Jamais, je le confesse, je n'ai si fortement senti le besoin d'être éclairé. Vous vous écriez : Voyez la différence. Je ne la vois pas au premier abord. J'examine de plus près, je ne la distingue pas davantage. Je me livre à un véritable travail de dissection, je ne vois toujours rien. Je regarde à travers un verre grossissant, je ne remarque rien. Je compare, la comparaison me révèle une identité absolue. Vous reconnaîtrez qu'il m'est pénible d'avouer que je suis dépourvu de perspicacité. Pourtant je découvre enfin une différence : c'est que vous affublez votre enseignement de l'épithète de *secondaire français*, tandis que l'autre est affublé de celle de *secondaire spécial.* Si toute la différence réside là, convenez que votre découverte manque d'originalité. Je ne vous conseillerai pas de solliciter un brevet d'invention, car, fût-il sans garantie du gouvernement, vous n'y avez aucun droit.

D'ailleurs, l'épithète de français est-elle une si grande nouveauté? Je ne le pense pas. C'est purement et simplement un retour vers le passé. Ignoreriez-vous qu'avant 1865, il existait à peu près dans tous les lycées et colléges un enseignement dit enseignement *français?* Ce n'est pas pour le plaisir du changement que M. Duruy ne conserva point ce nom. Cet enseignement était tombé si bas, était si discrédité aux yeux des familles, que M. Duruy crut devoir chercher une autre épithète pour désigner l'enseignement qu'il organisait, plutôt qu'il ne le créait. Il chercha lui-même un nom. Il invita plusieurs universitaires des plus distingués à l'aider dans cette recherche. Après avoir examiné plusieurs dénominations et les avoir repoussées comme impropres ou incomplètes, on adopta celle de *spécial* qui, tout impropre qu'elle était, semblait mieux convenir au but auquel devait répondre l'enseignement nouveau.

D'ailleurs, si vous voulez chicaner sur les mots, voudriez-vous m'expliquer ce que signifie au juste le mot *classique* que vous donnez à l'enseignement gréco-latin? Pour moi, ce mot ne signifie rien par lui-même. Et quand, pour la première fois, on l'appliqua, il ne dut pas paraître aux esprits plus clair ni plus précis que celui de *spécial.* Aujourd'hui il désigne une chose précise, parce qu'il représente une institution qui a été seule de sa nature pendant plus de deux siècles et qui, par le fait même, se trouve bien déterminée ; mais je voudrais bien que vous m'indiquiez la signification exacte du terme *classique* pris tout seul. Je ne la vois pas.

Il me serait bien facile de conclure : « On a pu voir, par ce qui précède, » combien est grande l'ignorance de M. Bigot sur les choses qui touchent à l'enseignement spécial. Je ne veux pas encore tirer cette conclusion. Je veux rendre plus manifeste cette ignorance en continuant à analyser le livre de M. Bigot.

CHAPITRE IV

Erreur de M. Bigot sur les titres de l'enseignement secondaire spécial et sur leur valeur.

M. Bigot s'exprime ainsi (page 92) : « Il s'est fait « de très grands efforts depuis une quinzaine d'an- « nées pour que le certificat d'études de l'ensei- « gnement spécial fût assimilé au baccalauréat ès « sciences ou ès lettres, fût même appelé du nom « de« baccalauréat spécial » et ouvrît à ceux qui le « posséderaient, sinon la porte de l'École de droit « ou de l'École normale, au moins celles de l'École « de médecine, de l'École polytechnique et de « Saint-Cyr. L'Université a toujours résisté à cette « poussée et elle a bien fait. »

Ces quelques lignes renferment des inexactitudes

qu'il importe de signaler. Le décret du 4 août 1881 institue deux titres pour l'enseignement spécial. L'article 4 établit un certificat d'études pour la fin de la troisième année ou du cours moyen. Il établit que l'examen pour l'obtention de ce certificat portera sur les matières du cours moyen, d'après un programme arrêté par le conseil supérieur de l'instruction publique, et sera subi devant un jury siégeant au chef-lieu de chaque département et nommé par le ministre. Aux termes de l'article 5, ce jury se composera de l'inspecteur d'académie, président, et de six membres appartenant ou ayant appartenu à l'enseignement secondaire public ou libre.

Je ne sache pas avoir jamais ouï réclamer pour ce certificat d'études une assimilation quelconque au baccalauréat ès sciences ou ès lettres. J'ai pourtant, surtout dans ces dernières années, été en rapports très fréquents avec les professeurs de l'enseignement spécial. J'ai en outre lu beaucoup de choses qui ont été écrites sur cette question. J'ai suivi les discussions qui ont eu lieu au sein de la *Société pour l'étude des questions d'enseignement secondaire*, en lisant les procès-verbaux de ses séances. Jamais, jamais, entendez-le bien, jamais je n'ai vu afficher la prétention dont parle M. Bigot. Voudrait-il m'indiquer où il a puisé ce renseignement. Je le prie de m'excuser si je lui fais tant de questions. Mais il aurait pu et dû m'éviter de les lui poser en me signalant les sources où il trouvait lui-même ces renseignements.

M. Bigot prétend qu'on a demandé que ce certificat « fût appelé du nom de baccalauréat spécial et que l'Université a toujours résisté à cette poussée. »

Assez mal renseigné me paraît être M. Bigot. L'article 6 du décret du 4 août 1881 dit : « Il est institué un diplôme de bachelier de l'enseignement secondaire spécial. Un règlement d'administration publique déterminera, après avis du conseil supérieur, la forme et la matière de l'examen, ainsi que la composition du jury. » Le décret du 28 juillet 1882 détermine la composition du jury; un décret du 18 août de la même année fixe la condition d'âge et les droits à percevoir pour ce baccalauréat, et un arrêté du 28 juillet 1882 porte règlement pour examen dudit baccalauréat.

Le rapport de M. Georges Morel présenté au conseil supérieur de l'instruction publique, au nom de la commission de l'enseignement secondaire spécial, après avoir énuméré les objections faites au sein de la commission par quelques-uns de ses membres contre la création de ce baccalauréat, ajoute : « Ces scrupules sincères, Messieurs, ces craintes convaincues ont été combattus avec autorité et avec succès par des hommes *dévoués autant que personne aux études classiques.* Ils ont montré qu'il convenait de donner le titre de bachelier à tous ceux qui auraient fait des études sérieuses, quelle qu'en fût la matière ; qu'à défaut du grec et du latin, les programmes scientifiques et littéraires de la quatrième et de la cinquième années étaient assez complexes et assez riches pour *former des esprits cultivés et solides ; que cette éducation valait bien, en somme, la teinture classique superficielle que donne au plus grand nombre des bacheliers ès sciences le latin mal appris.* »

Ainsi un baccalauréat d'enseignement secondaire

spécial existe de par le décret du 4 août 1881. M. Bigot publie son livre en 1886, c'est-à-dire bel et bien quatre ans et demi après, et il ignore l'existence de ce titre. Cependant les décrets et arrêtés ministériels réglementant la matière ont paru dans le *Bulletin administratif* du ministère de l'Instruction publique auquel on peut s'abonner dans tous les bureaux de poste et à l'Imprimerie nationale pour la modique somme de 5 francs par an. Ces mêmes décrets et arrêtés, avec les programmes de l'enseignement spécial et le rapport de M. Morel, déjà plusieurs fois cité, ont été réunis dans un ordre méthodique, en une seule et unique petite brochure, que l'on peut se procurer, à toute heure du jour, chez Delalain et Cie, rue des Écoles, pour la somme encore plus modique de 1 fr. 25, avec même une réduction de 25 pour 100, si on est universitaire. Avec ces moyens d'information si faciles et si peu coûteux, il y a lieu de s'étonner de voir M. Bigot si mal renseigné. Après tout, c'est son affaire. Mon but est seulement de montrer que les appréciations de M. Bigot sur l'enseignement secondaire spécial ne doivent être acceptées que sous bénéfice d'inventaire.

Il y a dans le passage cité plus haut d'autres inexactitudes que je veux relever. Il dit : « Il s'est fait des efforts pour que le certificat d'études de l'enseignement spécial fût appelé baccalauréat spécial. » Mais deux titres existent ; ils sont différents et sont pris à des époques différentes du cours des études. On ne pouvait demander que le premier prît le nom du second. On n'a jamais fait un effort quelconque pour substituer la dénomination de baccalauréat à celle de certificat d'études. Du moins je n'en ai jamais ouï parler. M. Bigot voudrait-il m'indiquer où je pourrais connaître ce détail ?

« Il s'est fait des efforts, ajoute-t-il, pour que le certificat d'études de l'enseignement spécial fût assimilé au baccalauréat ès sciences ou ès lettres. » Encore une assertion sans fondement.

On a demandé avec raison, selon moi, que le baccalauréat de l'enseignement spécial, et non pas « le certificat d'études » fût assimilé au baccalauréat ès sciences ; mais je n'ai jamais entendu un professeur d'enseignement spécial réclamer l'assimilation au baccalauréat ès lettres. Je dirai plus : j'ai lu dans le journal *l'Université* (n° du 10 mars 1886) le compte rendu de la séance du 20 février du groupe de l'enseignement secondaire spécial de la *Société pour l'étude des questions d'enseignement secondaire*. Ce compte rendu contient une discussion très intéressante sur les sanctions à accorder au baccalauréat spécial. Deux discours ont été prononcés par MM. Darles et Combes, qu'on m'a dit être deux représentants très autorisés de cet enseignement. Ils font valoir des considérations très justes en faveur des sanctions; mais ni l'un ni l'autre ne parlent d'assimilation du baccalauréat spécial au baccalauréat ès lettres. Il n'est jamais question que de l'assimiler au baccalauréat ès sciences. Bien plus, M. Darles s'élève avec force contre une confusion que M. Pigeonneau avait semblé faire dans la séance précédente en englobant le baccalauréat ès lettres dans la catégorie des titres auxquels le baccalauréat spécial serait assimilé. Voici les paroles de M. Darles (*Université* du 10 mars 1886, page 71) : « Je demande donc pour ce titre (le baccalauréat spécial) des sanctions. Mais lesquelles ? Je tiens à les préciser et à faire cesser une confusion qui semble se trouver dans l'argumentation de M. Pigeonneau. *Je ne demande pas que le baccalauréat spécial ouvre toutes les carrières publiques auxquelles donnent accès les études classiques considérées dans leur ensemble, mais je réclame pour lui toutes les sanctions, sans exception aucune, du baccalauréat ès sciences*, tel qu'il existe aujourd'hui. Tel qu'il est, en effet, le baccalauréat ès sciences n'offre pas plus de garanties de savoir que le baccalauréat spécial. Généralement, d'ailleurs, on s'accorde à le reconnaître. Eh bien ! dès qu'il est admis que ces deux titres présentent les mêmes garanties de culture intellectuelle, dès qu'il est reconnu que l'obtention de ces deux titres présente des difficultés égales, il est juste de leur conférer l'égalité absolue des priviléges. »

Ce langage me paraît clair, précis, et de nature à dissiper toute confusion. M. Combes n'est pas moins catégorique, ni moins précis sur le même objet. Le baccalauréat ès lettres est hors de question. M. Bigot se trouve donc encore à côté de la vérité.

Or, que répond M. Pigeonneau, Normalien et Classique, et président à la Sorbonne du jury d'examen pour le baccalauréat spécial ? Que ce baccalauréat n'est nullement inférieur au baccalauréat ès sciences, et il conclut :

« En se fondant uniquement sur la valeur actuelle des deux examens, et abstraction faite de tout autre ordre de considérations, je reconnais que le baccalauréat ès sciences et le baccalauréat de l'enseignement spécial sont à peu près au même niveau, et, qu'à ce point de vue, il n'y a pas de raison pour refuser à l'un ce qu'on accorde à l'autre. »

M. Bigot n'a donc aucune inquiétude à concevoir au sujet du baccalauréat ès lettres ; l'assimilation de ce titre au baccalauréat spécial est repoussée, même par les meilleurs esprits qui professent dans l'enseignement spécial. Son affirmation sur cet objet manque de vérité ; elle est même contraire à la vérité. Il peut en juger par ce qui précède. Quant à l'assimilation du baccalauréat spécial avec le baccalauréat ès sciences, il doit voir que l'Université a peut-être manqué d'esprit d'équité en la refusant. Il peut aussi se convaincre combien était grande son erreur quand il écrivait (page 92) : « Le certificat d'études de l'enseignement spécial n'est et ne peut être qu'un *certificat d'études primaires supérieures*, » alors surtout qu'en se servant de l'expression *certificat d'études*, il avait en vue le diplôme final des études. Or, aujourd'hui, il n'est pas le diplôme final.

Mais, avant la création du baccalauréat spécial et du certificat d'études, c'est-à-dire avant le mois d'août 1881, il existait le *diplôme de fin d'études de l'enseignement secondaire spécial*. Ce diplôme avait été institué par la loi du 21 juin 1865, portant organisation de l'enseignement secondaire spécial (art. 4). C'est à ce diplôme de fin d'études que l'article 6 du décret du 4 août 1881 a substitué le baccalauréat spécial. Peut-être est-ce de ce diplôme que M. Bigot a voulu parler. Mais il aurait pu se dispenser de lui témoigner un si profond dédain. Ce diplôme n'était pas dépourvu de valeur. Me permettra-t-il de lui en fournir la preuve ? D'abord il n'était délivré qu'à la suite d'un examen subi devant les professeurs des Facultés, tout comme les baccalauréats ès lettres et ès sciences. Il dépendait d'eux d'en faire un titre sérieux; s'ils ne l'ont point fait, ce que j'ignore du reste, à qui la faute?

M. Bigot prétend qu'on a fait beaucoup d'efforts pour demander qu'il « ouvrît à ceux qui le posséderaient, sinon les portes de l'École de droit ou de l'École normale, au moins celles de l'École polytechnique et de St-Cyr. » J'ignore si on a fait bien des efforts pour ouvrir aux diplômés de fin d'études de l'enseignement spécial les portes de l'École de droit; j'en doute. Je n'ai jamais vu nulle part afficher cette prétention. Quant à leur ouvrir les portes de l'École normale, des Écoles polytechnique et St-Cyr, je n'y verrais aucun inconvénent. S'ils ont les aptitudes et les connaissances voulues, s'ils satisfont aux conditions d'entrée à ces écoles, pourquoi leur en interdiriez-vous l'accès? Sous le prétexte unique qu'ils viennent de l'enseignement spécial? Ce serait se montrer peu libéral.

M. Bigot ignorerait-il que beaucoup de ces diplômés ont été reçus à l'École polytechnique et à l'École de St-Cyr, et qu'ils n'y ont pas du tout fait mauvaise figure? Et que dirait-il si je lui annonçais que pas mal d'élèves de l'enseignement spécial ont occupé un rang des plus honorables à cette École normale supérieure, dont il est à juste titre si fier d'avoir été un des plus brillants élèves? Eh oui, mon cher ex-collègue, pour mon compte, je connais *cinq* de mes élèves qui y ont passé et qui en sont sortis agrégés. Trois sont déjà professeurs de Faculté et non des moins brillants. Je leur connais trop de grandeur d'âme et de générosité de cœur pour croire qu'ils renieront jamais l'enseignement qui leur a ouvert les portes de l'École normale. Sans lui, en effet, ils n'y seraient jamais parvenus, parce qu'ils n'auraient point poussé leurs études au delà de l'enseignement primaire.

Que M. Bigot se garde bien de révoquer en doute ce que je viens d'avancer; car je lui donnerais le démenti le plus formel qu'un homme se soit jamais vu infliger. Je placerais sous ses yeux les noms de mes cinq élèves; je lui signalerais l'année où ils sont entrés à l'École normale, celle où ils en sont sortis, le lycée ou la Faculté où ils professent actuellement. Pour édifier M. Bigot, je prends la liberté de lui annoncer que mon cas n'est ni isolé, ni accidentel. Ah! si j'avais pu me douter qu'un jour j'aurais à me servir de semblables renseignements, je serais aujourd'hui en mesure de fournir une statistique complète ou à peu près. Néanmoins je possède (et je l'ai sous les yeux au moment où j'écris ces lignes), pour une période de neuf années, de 1875 à 1884, une liste d'élèves, de 31 lycées de province, qui, après avoir fait, les uns trois, les autres quatre années d'enseignement spécial, sont vite, mais très vite arrivés, les uns à l'École normale supérieure, les autres à l'École polytechnique, les autres à Saint-Cyr et enfin les autres à l'École centrale. Je veux que la surprise de M. Bigot se change en stupéfaction. A cet effet, je vais lui fournir des chiffres. Durant ces neuf années, pour 31 lycées, il y a eu 14 élèves qui ont passé rue d'Ulm, 43 à l'École polytechnique; 27 à l'École Saint-Cyr; 98 à l'École centrale, ce qui représente un total de 182 élèves de l'enseignement spécial, qui, durant une période assez courte et pour le tiers seulement de nos lycées, ont été de très brillants ou de brillants ou de bons élèves des grandes écoles de l'État. M. Bigot serait atterré si je lui faisais connaître l'origine de ces jeunes gens. Je ne puis pourtant pas résister au plaisir que j'éprouve à lui dire que sur ces 182 élèves, 123 sont venus à l'enseignement spécial de l'enseignement primaire, oui des écoles primaires, dont 73, entre 13 et 14 ans.

Voilà des faits. Je produis des chiffres, mais je pourrais citer des noms propres. A M. Bigot, en particulier, je suis tout prêt à communiquer la liste, s'il le désire, pour bien lui prouver que je m'appuie sur des documents authentiques et pour lui faciliter les moyens de vérifier par lui-même, au cas où il le jugerait à propos, la vérité de mes allégations. Si la proportion du nombre des élèves fournis aux grandes écoles par les lycées sur lesquels je n'ai point de renseignements, est aussi grande que pour les 31 lycées dont je viens de parler, il est facile de calculer le nombre exact des élèves de l'enseignement spécial qui ont alimenté les grandes écoles. Dans les chiffres que je donne ne sont compris que les élèves qui ont fait leurs trois ou quatre années d'enseignement spécial. J'ignore le nombre de ceux qui, ayant révélé de bonnes aptitudes, dès la fin de la première ou de la deuxième année, ont été forcés, par les proviseurs, à entrer dans l'enseignement classique, et Dieu sait si le nombre en est grand. Seuls les proviseurs seraient en mesure de donner des indications complètes. Mais ils se garderaient bien de les fournir. Ce serait avouer que l'enseignement spécial a du bon et ils refusent, de parti pris, de le reconnaître. Je reviendrai d'ailleurs sur ce sujet. Je me suis seulement proposé, en donnant ces détails, de montrer que les dédains de M. Bigot pour l'enseignement spécial et ses titres ne sont pas justifiés.

Je conclus. De la longue comparaison qui précède, entre les matières que demande M. Bigot, pour ce qu'il appelle l'enseignement *secondaire français* et les matières qui constituent les programmes de l'enseignement *spécial*, il appert qu'il n'y a aucune différence, si ce n'est pour la philosophie. Il ne peut donc être question d'une création. L'enseignement secondaire français que M. Bigot a la prétention d'avoir inventé, existe sous le nom d'enseignement secondaire spécial. Et à l'encontre de ce qu'il en pense, cet enseignement est secondaire et général; il n'a aucun des caractères de l'enseignement primaire supérieur et professionnel.

En outre, le baccalauréat de l'enseignement spécial, dont M. Bigot ne soupçonne même pas l'existence, est un titre très sérieux. Il n'est donc pas équitable de lui refuser les sanctions du baccalauréat ès sciences. Il est démontré aussi qu'il ne saurait être question d'assimiler ce baccalauréat au baccalauréat ès lettres. Cette assimilation est repoussée par les professeurs mêmes de l'enseignement spécial.

CHAPITRE V

Doit-on faire actuellement des réformes dans l'enseignement spécial?

Ce qui précède étant bien établi, il me reste à examiner s'il est opportun de réformer actuellement les programmes de l'enseignement spécial. La première question à se poser est celle-ci : le moment est-il bien choisi pour qu'on puisse faire des réformes utiles, sages, bien étudiées et mûrement réfléchies, en un mot éclairées? Je n'hésite pas à répondre ; non, et voici mes raisons.

1° Les programmes actuels datent du 28 juillet 1882. Ils sont entrés dans le domaine de l'application au mois d'octobre de la même année, c'est à-dire depuis trois ans seulement. Ce temps a-t-il été véritablement suffisant pour révéler, dans toute leur étendue, leurs imperfections ou faire apprécier leurs qualités. Je dis : Non. D'abord ces programmes établissant trois cycles d'études, dont les deux derniers demandent, en y comprenant la classe préparatoire, six années pour être parcourus dans leur entier, il n'a pas encore été possible de les expérimenter intégralement et de se prononcer en connaissance de cause sur leur valeur intrinsèque. Il n'a pas été permis de connaître le parti qu'on peut en tirer, ni les résultats qu'on peut en obtenir. D'un essai incomplet peut-on déduire en quoi ils sont défectueux? Je ne le crois pas. A ses fruits on juge l'arbre. Or on n'a pas encore laissé croître l'arbre; on ne lui a pas donné le temps de produire des fruits, et on a préjugé qu'ils seront mauvais et on se met à l'œuvre pour couper l'arbre. C'est d'une sagesse douteuse. D'ailleurs les professeurs d'enseignement spécial réclamaient-ils vraiment une révision? J'ai des raisons fort sérieuses pour croire le contraire. Pour moi (et je ne suis pas le seul à penser ainsi), le temps a fait défaut pour faire une application sincère et loyale de ces programmes et il me paraît très imprudent d'y apporter des modifications capitales.

2° On ne s'est pas trouvé dans des conditions favorables pour faire un essai sincère et loyal de ces programmes. Je m'explique. L'obtention du baccalauréat spécial, tel qu'il a été créé en 1881, présentait des difficultés supérieures à celles du baccalauréat ès sciences. Bien que plus difficile à obtenir, il ne conférait aucun privilége particulier, partant il était déprécié aux yeux des familles et aux yeux des élèves. Cette dépréciation en éloignait les élèves : elle les éloignait aussi des classes supérieures de l'enseignement spécial. On voyait les élèves les plus intelligents passer, dès la fin de la troisième année, en mathématiques élémentaires pour se présenter au baccalauréat ès sciences. Ils l'obtenaient au bout de l'année. S'ils étaient restés dans les classes de l'enseignement spécial, il leur aurait fallu encore deux ans pour pouvoir se présenter au baccalauréat de cet ordre d'études; ils n'auraient pas été certains de l'obtenir et l'eussent-ils obtenu qu'ils n'auraient été en possession que d'un titre déprécié. Or l'orgueil des familles, (et ici il faut reconnaître qu'il est légitime), est de voir leurs enfants munis d'un titre qui soit, dans l'opinion publique, considéré comme la garantie d'études sérieusement faites. Il arrivait que le baccalauréat spécial était un titre réellement sérieux, attestant que le jeune homme possédait un ensemble de connaissances véritablement élevées, et l'opinion publique, par suite du refus de l'administration à lui accorder des sanctions, le regardait avec dédain et ne le considérait que comme un certificat d'études sans valeur.

Cet enseignement était découronné, décapité, par le départ des bons élèves. En quatrième et cinquième années, il n'avait plus ces têtes de classe qui entretiennent et excitent une émulation féconde chez les élèves et chez les maîtres. Il était privé de ses éléments les plus vigoureux, de ses membres les plus robustes.

3° Ce n'est pas tout. Parmi les élèves qui continuaient à suivre cet enseignement, il s'en trouvait, parfois plus de la moitié, qui prenaient en quatrième et cinquième années, en dehors des classes, des leçons de latin pour se présenter au baccalauréat ès sciences. Ils ne prêtaient aux leçons du professeur d'enseignement spécial qu'une oreille distraite, qu'une demi-attention. Leur esprit était à côté. Eh bien ! on peut penser ce qu'on voudra; mais, si on est tant soit peu au courant des questions d'enseignement, on ne pourra méconnaître qu'il n'est pas de condition plus sûre d'insuccès que celle-là, de plus déplorablement funeste pour les études, de plus décourageante pour le professeur. Il sent qu'il parle à des sourds; il le sait, on le lui dit et il n'a aucun moyen de réagir contre cette situation qu'il est obligé de subir. Je parle par expérience ; j'ai senti ces découragements ; je sais ce qu'ils sont. Je ne crains pas de dire bien haut, que l'administration supérieure assume une lourde responsabilité en proposant maintenant la révision des programmes qu'on a appliqués dans les conditions particulièrement déplorables que je viens d'énumérer.

Non seulement, par le refus des sanctions, elle empêchait de faire l'essai loyal des programmes, mais elle travaillait sans cesse à entraver, à contrarier la marche régulière de l'enseignement spécial. Les proviseurs, les censeurs et même les surveillants généraux avaient constamment les yeux fixés sur les élèves de cet enseignement. Aussitôt qu'un d'entre ces élèves faisait preuve d'intelligence, lui d'abord, ses parents ensuite, avaient à subir des assauts constamment répétés pour le décider à entrer dans l'enseignement classique. Rarement ils résistaient longtemps. Les parents se montraient-ils récalcitrants, leur enfant supportait les effets de la mauvaise humeur de « Moussieu le Proviseur : » pour le moindre motif, les privations de sortie, s'il était interne, les retenues de promenade, s'il était externe, et les pensums tombaient sur lui dru comme grêle. Ces tracasseries finissaient par amener les parents à une capitulation. Parfois aussi elles avaient un résultat tout contraire. Elles causaient le départ de l'élève. J'ai été témoin de certaines de ces luttes qui étaient vraiment homériques, mais peu édifiantes. Les classes d'enseignement spécial étaient ainsi amputées à chaque instant de leurs membres les plus utiles et les plus sains.

Le professeur n'osait pas avouer qu'il avait de bons élèves de peur de se les voir ravir; il n'osait pas non plus se plaindre d'en avoir de mauvais, car alors l'administration secouait doucement la tête, esquissait un sourire dédaigneux et laissait échapper quelque épithète outrageante pour les élèves et désobligeante pour le professeur. J'ai des faits précis consignés dans mes carnets, touchant la conduite sotte, mesquine, hypocrite et malveillante de ces importants personnages qu'on décore du nom de *Messieurs les proviseurs*. Pour toutes ces raisons, les programmes n'ont pu être appliqués : pourquoi dès lors les réviser avant de savoir ce qu'ils peuvent produire?

Ce ne sont pas encore les seuls griefs qu'on puisse formuler contre l'administration supérieure. Dans certains lycées, plus encore dans les colléges, les classes du cours moyen sont parfois confiées, *pour les lettres*, à des bacheliers ès sciences, même à des licenciés ès sciences. Je ne mets pas en doute leur savoir; mais l'expérience que j'ai acquise de l'enseignement littéraire par trente-trois années d'exercice me permet et me donne peut-être le droit de penser que ces jeunes professeurs, bacheliers ou licenciés ès sciences, doivent enseigner fort mal le français et la littérature française. D'abord ils n'ont accepté cette position que comme un pis aller en attendant mieux. Ils n'apportent pas à remplir leur mission tout le zèle nécessaire; ensuite, ils n'ont pour cet enseignement ni les aptitudes, ni la compétence voulues. Comme dans l'enseignement spécial, le français est et doit être une des facultés les plus importantes, paraît-il téméraire d'affirmer que, jusqu'à présent, l'application des programmes n'a pas été faite convenablement? On ne me contredira pas non plus si j'avance que faute de cette culture littéraire qui donne de la largeur aux idées, de la souplesse à l'esprit, les autres enseignements n'ont pu produire tous leurs fruits. Les procédés de l'administration supérieure à l'égard de l'enseignement spécial manquent de générosité. Voudrait-elle le faire échouer, le détruire, elle n'agirait pas autrement. L'a-t-on jamais vue confier la classe de rhétorique à un agrégé ès sciences mathématiques ou ès sciences physiques? Non, n'est-ce pas? Pourquoi? Parce qu'elle aurait jugé la rhétorique fort mal enseignée. Eh bien! ce qu'elle juge funeste pour un enseignement, pourquoi le trouverait-elle bon pour un autre? Manquerait-elle de professeurs? Mais alors pourquoi néglige-t-elle d'en former à Cluny? Pourquoi surtout laisserait-elle, deux ans et même plus, sans place, des professeurs préparés à cette école pour enseigner le français et qui sont pourvus de titres reconnus par la loi?

Je conclus que les programmes de 1882 n'ont pu être appliqués d'une manière complète, d'abord faute de temps, ensuite parce que l'administration supérieure a négligé de prendre les mesures nécessaires pour que cette application fût loyale et sincère; enfin, parce que les administrations provisorales ont mis en œuvre tous les moyens dont elles disposent pour paralyser les efforts des maîtres.

Que fallait-il donc faire?

La réponse me paraît facile. Il fallait, par une circulaire énergique, rappeler les proviseurs à leur devoir, leur interdire tout acte d'hostilité à l'égard de l'enseignement spécial, leur prescrire, sur un ton qui n'admet pas de réplique, de laisser élèves et parents libres de choisir et de poursuivre le genre d'études qui paraît le mieux s'adapter à leurs goûts ou à leurs besoins; accorder au baccalauréat de l'enseignement spécial les sanctions réclamées même par beaucoup de bons esprits appartenant à l'enseignement classique; puis faire l'application honnête des programmes, placer ainsi cet enseignement dans une situation normale et le laisser vivre de sa propre vie, sans entraves et sans contrariétés.

Que serait-il arrivé? Certains esprits pensent que les sanctions amèneront beaucoup d'élèves de l'enseignement classique dans l'enseignement spécial; d'autres croient que les sanctions n'auront pas cette conséquence. Ils allèguent que la clientèle des deux enseignements est trop différente, par les goûts et les intérêts, pour qu'on ait à espérer une augmentation bien sensible du nombre des élèves de l'enseignement spécial. Pour moi, je n'ai pas mon siége fait. Il est d'ailleurs difficile de prévoir ce que l'avenir peut réserver. Cependant j'ai vu de si près la clientèle de cet enseignement, j'ai pu connaître avec tant de précision les vues des familles, dans trois localités d'intérêts divers, pour incliner plutôt vers la dernière hypothèse. Les élèves de l'enseignement spécial, pas plus que leurs parents, ne visent aux fonctions publiques ni aux professions libérales. Les sanctions du baccalauréat spécial leur paraissent flatteuses, et comme un moyen de satisfaire un sentiment de vanité, qui, somme toute, a sa raison d'être. Ils s'estiment heureux, quand, après des études sérieuses, qui valent bien celles dont le baccalauréat ès sciences est le couronnement, ils peuvent se dire : « J'ai un titre aussi apprécié que celui de mon voisin qui a pris une autre voie que la mienne. » Cette préoccupation, je l'ai constatée bien des fois dans le langage des parents aussi bien que dans celui des élèves.

Je ne partage pas les craintes de ceux qui pensent que les sanctions dépeupleront les classes de mathématiques élémentaires, au profit de celles de l'enseignement spécial. Je ne nie pas qu'un certain nombre des élèves de l'enseignement spécial qui jusqu'ici, pour avoir un titre estimé, ont volontairement déserté cet enseignement, n'y fussent pas demeurés si les sanctions du baccalauréat spécial avaient existé. Peut-être même quelques élèves, qui sont entrés dans l'enseignement classique en vue de prendre le baccalauréat ès sciences, eussent pris la voie de l'enseignement spécial, si le baccalauréat qui en couronnait les études avait eu des sanctions. Il est probable qu'il en sera ainsi quand l'administration supérieure se sera décidée à accorder au baccalauréat spécial les sanctions auxquelles il a droit. Mais où serait le mal au point de vue de l'intérêt des études secondaires, du moment qu'il est admis, par beaucoup des meilleurs esprits de l'enseignement classique, que le baccalauréat de l'enseignement spécial présente des garanties d'études scientifiques aussi sérieuses, sinon plus, que celles du baccalauréat ès sciences et une culture littéraire infiniment supérieure ? Pour moi, je n'y verrais que des avantages.

Me plaçant à un autre point de vue, je trouve que

les classiques purs n'ont point lieu de s'affliger des sanctions. Un père de famille, qui a les moyens de faire entreprendre à son fils de longues études, ne l'enverra pas à l'enseignement spécial. Pourquoi ? Parce qu'il n'a pas encore de but précis sur la profession à faire embrasser à son enfant. Si celui-ci, dans le cours de ses études, se sent plus d'aptitudes pour une profession que pour une autre, le père n'élèvera aucune objection ; il préférera donc le placer d'abord dans l'enseignement qui pourra lui ouvrir toutes les portes. Or, il est telle profession dite libérale ou telle fonction publique qu'on ne peut aborder sans les études gréco-latines. Il lui fera donc faire ces études. Il n'ira pas vers l'enseignement spécial qui, à ce point de vue, présentera moins d'élasticité.

Autre considération. Il ne fait doute pour aucun élève que le baccalauréat spécial est plus difficile à obtenir que le baccalauréat ès sciences. Cette conviction, fondée ou non, déterminera toujours bien des élèves de l'enseignement spécial à déserter ce dernier ou au commencement ou à la fin de la troisième année pour entrer en mathématiques élémentaires en vue d'obtenir le baccalauréat ès sciences. Peut être le nombre des élèves qui prendront cette décision sera-t-il moins grand qu'il ne l'a été jusqu'à présent. Mais il y en aura toujours beaucoup. Pourquoi ? parce qu'ils gagneront une année. Car un élève d'enseignement spécial, qui à la fin de la troisième année, ira dans l'enseignement classique, entrera de plain-pied en mathématiques élémentaires et pourra prendre le baccalauréat ès sciences à la fin de l'année. Admettez qu'il reste dans l'enseignement spécial, il lui faudra encore deux ans d'études pour pouvoir se présenter au baccalauréat spécial. Cette dernière considération pèsera toujours d'un poids décisif dans la balance.

Toutes ces raisons, quoique plausibles, ne reposent cependant sur rien de positif. Ce ne sont que des hypothèses. Or les hypothèses ne sont pas des réalités. Pour la question qui m'occupe, l'expérience seule peut indiquer la réalité. Aussi m'aurait-il paru sage, après avoir accordé des sanctions au baccalauréat d'enseignement spécial, et mis un terme à l'hostilité des proviseurs, de faire une expérimentation honnête, loyale, sincère des programmes. Alors on aurait vu ce qu'ils valent; on les aurait jugés par leurs fruits; on aurait vu, touché du doigt leurs défectuosités. On aurait aussi vu de quel côté se seraient portés les élèves. Si les sanctions avaient dépeuplé les classes de mathématiques élémentaires de 20, 25 ou 30 lycées, c'eût été une indication. Il eût fallu, dans ces lycées, substituer l'enseignement spécial à son aîné. On aurait eu des données, des faits fournis par l'expérience; on aurait pu agir sans tâtonnements, sans indécision. Dans quatre, cinq ans, ou plus, on aurait pu prendre les mesures, adopter les modifications que la pratique aurait révélées comme nécessaires et légitimes.

C'eût été rationnel. Au lieu de procéder ainsi, on s'appuie sur des hypothèses, on raisonne dans l'absolu. On n'a et on ne peut avoir une base solide de discussion ; on se laisse conduire par le hasard, et on appelle cela faire du nouveau. C'est du nouveau, en effet, que de voir des hommes sérieux, intelligents, quelques-uns éminents, tous ayant atteint l'âge viril, plusieurs même la période de la vieillesse, agir comme des enfants qui, trouvant un bateau amarré au rivage, se précipiteraient sur le bateau, couperaient les amarres, et sans gouvernail et sans pilote, se laisseraient aller à la dérive. Telle est ou telle va être la conduite de la commission. On dit qu'elle a été nommée pour adapter les programmes à vingt heures de classe par semaine. Pour si peu, il n'était pas nécessaire d'en nommer une. L'administration et le conseil supérieur devaient trouver des éléments suffisants d'information dans l'enquête qui a été faite l'année dernière auprès du personnel enseignant.

D'ailleurs, cette réduction du nombre des heures à vingt par semaine est-elle bien urgente ? Est-elle demandée par la majorité des professeurs ? L'administration seule est en mesure de le savoir. Quant à moi, je l'ignore. Je sais seulement qu'il en est beaucoup qui ne la réclament pas. Les élèves sont-ils vraiment accablés ? Voyons. Ils ont par semaine :

En préparatoire.............	21	heures
En première année..........	22	—
En 2e année...............	22	—
En 3e année...............	24	—
En 4e année...............	23	—
En 5e année...............	23	—

Est-ce trop, surtout quand les élèves de mathématiques élémentaires ont 25 heures et demie ? Je ne le pense pas, et voici mes raisons.

Jusqu'à présent comment s'est recruté l'enseignement spécial ? La plupart de ses élèves lui sont venus des écoles primaires. Ce sont elles qui lui ont fourni toujours les élèves les plus intelligents, les plus studieux et les plus laborieux. C'est un fait universellement reconnu par les professeurs d'enseignement spécial. Pourquoi ? Avant de répondre à cette question, j'ai besoin de réfuter une opinion, derrière laquelle on semble se retrancher depuis quelque temps pour prouver que l'enseignement spécial est condamné à une irrémédiable infériorité. On a ressuscité, en exagérant son importance, la théorie de l'influence des milieux. On dit et on répète à satiété : les enfants de la bourgeoisie sont plus développés; ils ont l'esprit plus ouvert, plus éveillé, plus alerte, que ceux de la classe pauvre. Ils doivent cet avantage à l'influence du milieu. Les élèves des écoles primaires où se recrute votre enseignement sont des fils d'ouvrier, d'artisan ou d'agriculteur. Ils n'ont pas dans leur famille et dans leurs fréquentations les mêmes occasions de développer leur intelligence.

Certes je ne nie pas l'influence du milieu, mais tout en l'admettant, je pense qu'il ne faut pas en exagérer l'importance. Me sera-t-il permis de faire observer que la condition de l'artisan, de l'ouvrier et de l'agriculteur a subi des modifications considérables depuis quelques années ? D'abord aujourd'hui à peu près tous savent lire. C'est un changement qui en a entraîné bien d'autres à sa suite. Sont-ils à la ville, ils ne vont pas moins que les bourgeois assister aux représentations théâtrales; ils ont des conférences populaires, des cours populaires; ils y assistent et souvent ils y conduisent leurs enfants ; car chez l'artisan ou chez l'ouvrier l'enfant prend une plus grande part à la vie des parents que chez les bourgeois. Il y a à la ville des bibliothèques populaires ; ils y prennent des livres et les lisent. Ils lisent les journaux, autant et plus que les bourgeois. Il y a chez eux une activité d'esprit provoquée par les spectacles, la lecture des livres et des journaux qui se traduit par des réflexions sur les choses du jour, dont les enfants tirent un profit. Je prie les beaux diseurs et autres, qui prônent si haut les influences du milieu, de se mettre en contact avec les artisans, les ouvriers, les vrais ouvriers, avec les petits commerçants, épiciers, débitants et autres, de causer avec eux, surtout de les écouter causer. Ils seront fort étonnés de trouver chez les sept dixièmes de ces gens-là une dose peu commune de bon sens, un jugement très sain, de s'apercevoir qu'ils sont au courant des événements du jour, comme pas un bourgeois, de les entendre émettre, sur ces événements et même sur les personnages en vue, des appréciations parfois brutales, crues, mais pleines de justesse, de vérité et d'à-propos.

Ils trouveront chez les bourgeois d'une condition de fortune plus élevée et pourvus d'une instruction plus étendue, moins de curiosité d'esprit, plus d'indifférence, une plus grande propension au repos, souvent le mépris de toute lecture autre que celle du journal. La différence d'éducation entre l'artisan, l'ouvrier tranquille, et la bourgeoisie n'est pas aussi grande aujourd'hui qu'elle l'était il y a vingt ans.

Si vous considérez le paysan, vous trouverez un changement analogue. Sans doute il a l'esprit moins ouvert que le citadin. Mais il ne manque pas d'idées ; il sait lire et il lit ne serait-ce que les *faits divers* du *Petit Journal*. Il raisonne, il réfléchit, il expose ses réflexions dans un langage ordinairement pittoresque, mais enfin il les expose et elles ne sont pas toujours dépourvues de sens, ni d'originalité. Celui qui a vécu il y a trente ans, de la vie de la campagne et qui peut aujourd'hui constater le changement, est très frappé du progrès accompli qui est certainement bien plus sensible qu'à la ville. L'enfant du peuple est donc placé aujourd'hui, au point de vue du milieu, dans des conditions bien meilleures que celles d'il y a vingt ans. La différence de l'influence du milieu est bien moins sensible. D'ailleurs cette influence, qui existe, je l'admets, faut-il l'exagérer ?

Combien d'exemples pourrait-on citer de fils d'hommes intelligents, instruits, très distingués ou d'hommes de génie, qui ont été de parfaits et complets imbéciles, bien que se trouvant dans un milieu à tous les points de vue favorable au développement de leurs facultés intellectuelles ? Combien pourrait-on citer d'hommes sortis des derniers rangs de la société, du milieu le moins favorable à leur développement intellectuel, qui sont devenus des hommes de génie, ou tout au moins des hommes distingués, qui ont honoré l'humanité et rendu des services éminents à leur pays ?

Vous allez m'objecter que ce sont des exceptions. Oui, certainement. Mais les élèves des écoles primaires, qui entrent dans l'enseignement spécial, constituent des exceptions. Je le prouverai bientôt. Je continue.

Un fait certain, c'est que ce qui fait la valeur de l'élève, ce sont ses qualités personnelles, c'est la vigueur, la vivacité, la force de son intelligence secondée par l'activité, l'amour et l'habitude du travail. Or, en général, (et ici je parle d'après mon expérience propre) la disposition naturelle à l'effort soutenu, au travail enfin, est bien plus prononcée chez l'enfant de l'artisan, de l'ouvrier, de l'agriculteur que chez l'enfant du riche bourgeois, de l'avocat, du médecin, du professeur, etc. Pourquoi ? C'est que l'enfant de l'artisan, de l'ouvrier, de l'agriculteur est frappé dès qu'il ouvre ses yeux à la lumière, pour ainsi dire, par l'exemple du travail. Il grandit au milieu du travail. Tout autour de lui, son père, sa mère, ses voisins, travaillent sans relâche. Il apprend bien vite que le pain est à ce prix. Son cerveau se pénètre de cette idée qu'il faut travailler. L'exemple constant de l'effort qu'il a toujours sous les yeux est pour lui salutaire.

Le fils du riche bourgeois se fait bien vite à l'idée qu'il a une fortune toute faite, ou du moins une aisance relative qui lui donnera quelques loisirs. Le travail ne s'impose pas à son esprit comme une nécessité absolue, impérieuse, inéluctable. En outre, s'il voit ses parents s'occuper, il les voit aussi se reposer ; il ne les voit pas aux prises avec l'effort soutenu, opiniâtre et de tous les instants. L'exemple ne le frappe pas aussi vivement, aussi fortement. Le travail ne se présente pas à son esprit sous l'image de l'effort pénible et accablant.

Il en est de même du fils de l'avocat, du médecin, du professeur, enfin de ceux qui exercent les professions dites libérales. Sans doute, il les voit travailler, et je suis loin de nier que leur genre de travail ne soit aussi très pénible ; mais la marque de l'effort est moins visible. L'enfant se fait du travail une toute autre idée que celui de l'ouvrier.

Or l'enfant est un observateur perspicace, surtout un logicien implacable. Il déduit de ce qui le frappe des conséquences directes, rigoureuses. Tout le monde autour de lui travaillant, il en déduira qu'il doit travailler lui aussi, ne serait-ce que pour participer au mouvement général. Remarque-t-il qu'on se repose, il en conclut qu'il doit se reposer,

Ces remarques, qu'il m'a été donné de faire bien des fois, me conduisent à cette conclusion, toujours vérifiée par les faits, à savoir que les élèves, venus des écoles primaires dans l'enseignement spécial, s'y sont montrés les plus studieux, les plus laborieux, les plus actifs. Ils ont été en général les meilleurs. Il n'est pas difficile d'en trouver la raison. Un enfant se distingue-t-il à l'école primaire, fait-il preuve d'intelligence, se montre-t-il laborieux, l'instituteur le fait remarquer aux parents qui consentent, même au prix de privations, à le faire passer dans l'enseignement spécial. Il se fait donc ainsi une sélection toute à l'avantage de l'enseignement spécial qui recueille l'élite seule de l'enseignement primaire. C'est donc ce qui constitue l'exception dans l'enseignement primaire qui entre dans l'enseignement spécial. Voilà ce dont il importe de bien se pénétrer. Très nombreux seraient les exemples que je pourrais citer à l'appui de ma thèse.

En général, les élèves de l'enseignement spécial appartiennent à la catégorie des familles très laborieuses ; ils sont plus laborieux dans leur ensemble que l'ensemble des élèves de l'enseignement classique ; ils sont plus disposés à l'effort ; il leur paraît plus naturel, partant, moins pénible. Aussi la réduction des heures de classe à vingt par semaine dans l'enseignement spécial ne me semble pas aussi urgente qu'on veut bien le dire. Je ne vois d'autre raison à invoquer pour la justifier qu'une raison d'uniformité. On l'a faite pour les classiques, et de ce qu'on l'a faite pour eux, il faut, pour qu'il y ait uniformité, la faire pour les spéciaux. Mais on n'a pas voulu réfléchir que l'élément spécial n'est pas identiquement le même que l'élément classique, et qu'il n'est aucune raison pour appliquer au premier exactement le même traitement qu'au second. A des tempéraments différents, il faut, dit-on, des remèdes différents. Ce précepte est trop simple pour qu'on le mette en pratique, surtout du moment qu'il s'agit de l'enseignement spécial.

Cè qu'il y a de certain, c'est qu'une commission vient d'être nommée pour réviser les programmes. J'ai dit ce que je pense de cette révision. A mon avis, le moment est mal choisi pour faire une réforme éclairée de l'enseignement spécial. Sur quoi pourra se fonder la commission ?

Je ne vois que trois hypothèses de possibles.

La première consisterait à laisser les choses dans l'état où elles sont. Le travail de la commission se bornerait à la recherche de la faculté ou des facultés sur lesquelles on pourrait faire porter la réduction des heures. Cette hypothèse est la moins vraisemblable, parce qu'elle est la plus simple, et qu'on n'applique jamais le simple à l'enseignement spécial. Le vent souffle trop aujourd'hui, m'a-t on dit, dans les sphères de la direction de l'enseignement secondaire vers les changements, pour qu'on ne change rien. L'homme éminent, qui est à la tête de cet important service public, pris d'un beau zèle en faveur de l'enseignement spécial voudrait, paraît-il, attacher son nom à une création ou à une réforme. C'est une ambition légitime. La création est impossible. Faute de mieux, il s'attachera à la réforme, sans réfléchir peut-être, qu'il est des circonstances où on recueille une gloire plus pure, et on mérite plus de son pays, en protégeant ce qui existe qu'en opérant des réformes non justifiées par l'expérience et non réclamées par l'opinon publique.

Dans la deuxième, on admettrait que l'enseignement spécial doit se recruter de la même manière que l'enseignement classique, c'est-à-dire que les enfants, au sortir de la septième, se répartiraient à peu près en deux parties égales : l'une, prenant la voie des études classiques ; l'autre, celle de l'enseignement spécial. On se priverait ainsi de l'élément primaire, ou du moins on ne l'attirerait pas. Je crois qu'il y a là un danger réel. Le courant ne se dessinera pas de sitôt. La riche bourgeoisie, ou même la bourgeoisie aisée, n'a jamais adopté au premier abord, pour ses enfants, la voie de l'enseignement spécial ; elle continuera, du moins longtemps encore, et j'en ai donné les raisons plus haut, à se porter vers l'enseignement classique. C'est pour elle une question d'amour-propre avant tout. Il s'écoulera encore plus de vingt ans avant de voir se faire le partage des élèves sortant de septième en deux parties à peu près égales. Pendant ce temps, l'enseignement spécial ne se recrutant pas, ou ne se recrutant que de mauvais éléments, dépérira. Il se produira une réaction qui, comme toutes les réactions, dépassera la mesure et emportera cet enseignement qui n'a fait que grandir depuis sa naissance, en dépit de toutes les résistances qu'on lui a opposées. Une réforme qui reposerait sur cette hypothèse serait funeste à l'enseignement spécial et entraînerait sa mort à bref délai, l'expérience des vingt dernières années prouvant que l'élément vivace et robuste de cet enseignement est l'élément primaire.

Il est encore une considération à faire valoir et qui a son importance. Il serait peu démocratique de ne pas donner aux meilleurs sujets des écoles primaires toutes les facilités de s'élever par le travail. Je sais bien qu'au-dessus de la classe primaire, ils trouvent l'enseignement primaire supérieur; mais à ceux qui peuvent s'élever plus haut, il serait injuste d'opposer une barrière. Admettre toutes les intelligences d'élite, eussent-elles débuté dans l'enseignement primaire, et sortissent-elles des rangs les plus inférieurs de la société, au banquet de l'instruction secondaire, me paraît être un devoir sacré qui s'impose à un gouvernement dont l'essence est d'être démocratique.

Dans la troisième hypothèse, on admettrait la clientèle primaire, qui jusqu'ici a fourni les meilleures recrues à l'enseignement spécial, tout en admettant la clientèle qui lui viendrait des lycées et des collèges, après la classe de septième. Ce serait rester dans la tradition. Mais je ne suis pas sans inquiétude quand même, et voici pourquoi. Je connais l'opinion particulière de quelques membres de la commission sur ce point. Ils voudraient qu'on augmentât d'une année au moins la durée des études, et qu'on la prolongeât pendant six au lieu de cinq années, tout en conservant la préparatoire. Prolonger d'une année la durée des études, ce serait, ou éloigner absolument l'élément primaire de l'enseignement spécial, ou bien priver l'enseignement spécial de cet élément dans les classes supérieures.

Les élèves des écoles primaires, en effet, entrent dans l'enseignement spécial, après avoir obtenu le certificat d'études primaires. Ce certificat, ils ne le prennent qu'à douze ans au plus tôt, si les renseignements qui m'ont été donnés sont exacts. Dès lors voyez ce qui se produira. Prenez un bon élève d'une école primaire qui a douze ans. Il veut entrer dans l'enseignement spécial. Il faudra qu'il passe par la classe préparatoire ; puis qu'il reste encore six ans avant d'avoir terminé ses études. Au total, il lui faudra un séjour de sept années dans le collége ou le lycée. Or, 12 et 7 font 19. Il ne pourra donc commencer l'apprentissage de sa profession qu'à l'âge de dix-neuf ans révolus. A peine sera-t-il au courant de la profession choisie, qu'il devra l'abandonner pour le service militaire. Il sera trop tard quand il sera en mesure ou de gagner sa vie ou de venir en aide à ses parents. Cette situation aura l'une des deux conséquences suivantes :

Ou bien l'enfant, au sortir de la classe primaire, reculera devant cette perspective de faire sept ans d'études, parce que les parents ne pourront pas se passer de son concours pendant un aussi long temps, et alors il ne commencera pas ses études secondaires. Vous aurez ainsi privé l'enseignement spécial d'un bon élève, qui lui aurait fait honneur; peut-être d'un brillant sujet, qui, plus tard, aurait rendu de grands services au pays. Vous mettez obstacle au recrutement de l'enseignement que vous voulez fortifier.

Ou bien cet enfant entrera dans l'enseignement spécial avec l'intention d'en sortir à la fin de la quatrième année, c'est-à-dire au moment où commenceraient pour lui les études vraiment sérieuses et vraiment fécondes, et sans lesquelles il n'est pas d'éducation vraiment complète de l'esprit. Dans cette circonstance, vous privez les années supérieures d'une tête de classe, et vous découronnez l'enseignement spécial. Dans les deux cas vous nuisez à ses progrès, vous le contrariez dans sa marche et vous l'empêchez d'être ce qu'il devrait être.

Pour moi (et je ne suis pas le seul à avoir cette conviction), l'augmentation du nombre des années d'études aurait encore une autre conséquence, funeste, non seulement pour le développement de l'enseignement secondaire spécial, mais pour la nation. Une commission a été nommée pour rechercher les sanctions à accorder au baccalauréat spécial. Je ne sais si cette commission se montrera généreuse. Je désirerais qu'elle fût le plus large possible, et qu'elle octroyât à ce titre tous les priviléges du baccalauréat ès sciences. Mais, si, comme il est désirable, ces sanctions sont accordées, si le baccalauréat spécial vient à conférer le droit de se présenter à l'École polytechnique et à l'École de St-Cyr, par exemple, on peut être certain de voir les Jésuites créer des cours d'enseignement spécial. S'ils n'ont point jusqu'ici établi cet enseignement dans leurs établissements, ce n'est pas par dédain pour lui, pas plus que par un amour exclusif du grec et du latin, mais parce que l'enseignement spécial ne conduisait à rien. Le jour où le baccalauréat spécial ouvrira les portes des grandes écoles de l'État, ils prépareront à ce baccalauréat; ils se mettront à la portée des familles, ils tiendront compte de leur situation de fortune; ils chaufferont les élèves et feront en cinq et même en quatre ans ce que l'État ne fera qu'en sept. Ils attireront à eux quantité de familles qui, dans l'état actuel des choses, seraient restées fidèles aux établissements de l'État. Les congréganistes procéderont de même, et une foule de jeunes gens délaisseront l'enseignement public pour l'enseignement libre religieux. La concurrence est pourtant déjà assez grande, ces établissements reçoivent déjà un assez grand nombre d'enfants qu'ils élèvent dans la haine de nos institutions et du gouvernement républicain, pour qu'on n'aille pas de gaieté de cœur, par une mesure que les professeurs spéciaux ne réclament point, que la plupart des familles redoutent et que la commission n'a aucune raison sérieuse d'adopter, accroître la prospérité des établissements jésuitiques et congréganistes.

Que si la commission tient absolument à avoir une classe qui s'appelle la sixième année, rien ne lui est plus facile que de l'établir sans prolonger la durée des études. Il lui suffira de donner à la classe préparatoire actuelle le nom de première année, avec un programme précis et analogue à celui de la première année actuelle. Il est même à souhaiter que cette transformation se fasse. La classe préparatoire, telle qu'elle est maintenant, est une classe où les élèves piétinent sur place, ne font rien et perdent leur temps ; ils savent presque tous en y entrant plus qu'on n'y fait. On prétend qu'elle a été établie pour permettre aux élèves venus des écoles primaires de se mettre, pour les langues vivantes, au niveau de ceux qui ont débuté au lycée. Ce motif ne me semble pas suffisant pour justifier l'existence de la préparatoire. Les élèves qui ont débuté au lycée savent-ils donc vraiment tant de langues vivantes ? Je ne m'en serais jamais douté. J'ai eu de si nombreux, si nombreux exemples d'élèves de septième, très bons d'ailleurs, qui, en langues vivantes, étaient d'une ignorance si absolue, qu'on est en droit de se demander s'il est bien nécessaire de faire perdre une année entière aux bons et laborieux élèves qui viennent des écoles primaires. Qu'on les mette ensemble, et au bout de trois mois ces derniers auront dépassé les premiers. L'expérience a d'ailleurs été faite plusieurs fois et dans plusieurs établissements. Elle a été toujours concluante. On a laissé, par complaisance, des élèves primaires entrer directement en première année, et au bout de trois, quatre mois, ils étaient les premiers, aussi bien pour les langues vivantes que pour le reste. Qu'on n'hésite pas à généraliser ce qui n'a été jusqu'ici que le fait de la complaisance des chefs d'établissement. Si d'ailleurs, à la fin de la première année, quelques élèves n'ont pas suffisamment profité de l'enseignement qui leur a été donné, qu'on se montre sévère à l'examen de passage, qu'on leur fasse impitoyablement redoubler la première année, ou qu'on les rende à leurs familles. Mais qu'on se garde bien de prolonger la durée des études : ce serait la mort à courte échéance de l'enseignement spécial, sans aucun profit pour l'enseignement classique.

A quelque point de vue qu'on se place, par quelque côté qu'on envisage la question de la réforme de l'enseignement spécial, on ne voit, à la faire présentement, que des inconvénients fort graves, sans un motif plausible à invoquer pour la justifier : 1° on n'a aucune donnée où s'appuyer, aucune base de discussion fournie par l'expérience ; 2° on ne peut faire subir aux programmes que des modifications de détail insignifiantes ; 3° on ne peut songer, sans mettre en péril l'existence même de l'enseignement spécial, à le priver de l'élément primaire où il a trouvé jusqu'ici ses meilleurs et ses plus laborieux élèves ; 4° on ne doit pas, sous peine de le décapiter ou de rendre désertes les classes supérieures, prolonger la durée des études. Alors que pourra donc faire la commission ? Rien.

Comme conclusion, j'en reviens à mon point de départ. Accordez au baccalauréat spécial les mêmes sanctions ou à peu près qu'au baccalauréat ès sciences. Cela fait, témoignez à cet enseignement quelque bienveillance, traitez-le avec les égards qui lui sont dus ; faites cesser l'hostilité des proviseurs envers lui, interdisez-leur de lui enlever ses meilleurs élèves ; laissez-le vivre de sa vie propre, ne le contrariez pas dans sa marche par des tracasseries mesquines ; alors vous verrez ce qu'il adviendra ; vous pourrez, par une expérience faite loyalement et sincèrement, étudier ses défauts, constater ses lacunes, et recueillir les éléments d'une réforme vraie, sage, éclairée, que vous ferez dans trois, quatre, cinq, six ans, c'est-à-dire quand le besoin s'en fera sentir, quand elle sera désirée, réclamée par le personnel enseignant, auquel vous ne pouvez refuser une certaine ouverture d'esprit vers les réformes.

Il faudrait enfin se décider à reconnaître la vérité. C'est nous, classiques, qui sommes les coupables. Oui, nous-mêmes. Nous avons accueilli l'enseignement spécial avec une malveillance bien marquée. Nous n'avons pas marchandé à son personnel enseignant les humiliations. Pourtant, il était loin d'être indigne, il était capable d'honorer l'Université. La grande majorité d'entre nous l'a bien reconnu depuis.

Avec l'appui des administrateurs de tout rang, nous avons ravi à ce personnel les meilleurs de ses élèves, au moment où il allait pouvoir, dans les classes supérieures, recueillir le fruit de ses efforts, durant les classes les plus ingrates. Ces élèves, une fois chez nous, ont été, dès le premier jour, les premiers parmi les nôtres, grâce à la bonne préparation qu'ils avaient eue. Nous avons ainsi inscrit à notre actif ce qui était dû au zèle de nos cadets. Nous nous sommes attribué exclusivement des résultats qui n'étaient pas uniquement de notre fait. Par le refus de toute sanction au baccalauréat spécial, nous avons attiré vers nous ceux des élèves spéciaux qui voulaient posséder un titre estimé. Nous avons réduit les professeurs d'enseignement spécial à leurs élèves les plus médiocres. Avons-nous consenti à leur céder quelques-uns des nôtres, ce sont nos nullités et nos paresseux que nous leur avons envoyés. . . . .

Ainsi, c'est nous qui avons mis ces professeurs dans l'impossibilité d'obtenir des résultats, et nous leur reprochons de n'en pas obtenir; c'est nous qui, par nos efforts combinés avec les efforts plus puissants de l'administration, travaillons à maintenir cet enseignement dans l'enfance, et nous lui prédisons qu'il n'atteindra pas la majorité. Comme, en dépit de nos efforts, il grandit, se développe, gagne chaque jour du terrain, nous nous adressons à ses professeurs, que nous surexcitons par nos résistances calculées, et nous leur crions : « Vous avez l'humeur conquérante. » Nous ne leur octroyons qu'une place infime, et nous les accusons d'occuper toute la maison. Nous leur disons : « Vous nous préparez d'excellents élèves; mais vous n'en êtes pas moins des incapables, des instituteurs à peine dégrossis et des imbéciles. » Nous commençons par les exaspérer sans raison, et nous les accusons d'avoir mauvais caractère. Nous nous montrons sciemment inconvenants à leur égard, et nous les accusons de manquer d'éducation.

Telle est la vérité. Ma conscience me fait un devoir de la proclamer et je le fais. Je serai conspué par les gens de parti pris; mais je serai approuvé par beaucoup de mes ex-collègues que la passion n'aveugle pas. N'aurais-je d'ailleurs que l'approbation de ma conscience, elle me suffirait.

Cette rivalité que nous avons provoquée doit cesser. Mettons un terme à des récriminations qui portent atteinte à notre dignité. Élevons-nous au-dessus des personnalités et plaçons-nous au point de vue supérieur de l'intérêt de la jeunesse française et du pays. Au lieu de discuter sur les vertus de l'enseignement classique et sur les vices de l'enseignement spécial, demandons-nous si, dans l'état social actuel, l'enseignement gréco-latin peut donner entière satisfaction aux aspirations légitimes de tous ceux qui veulent une instruction sérieuse et élevée ou qui en ont besoin. A la question ainsi posée, la réponse est facile. L'enseignement classique ayant pour base l'étude des langues anciennes est certainement très propre à donner à l'esprit vigueur, souplesse et énergie. La connaissance de ces langues est, à tort ou à raison, exigée pour certaines fonctions publiques et certaines professions dites libérales. Mais le nombre de ces carrières est très limité; il est même désirable qu'il en soit ainsi. A côté de ces fonctions et de ces professions, vient, soit dans le commerce, soit dans l'industrie, soit dans l'agriculture, un nombre infini de carrières qui exigent des connaissances générales, étendues et variées, un fonds solide d'instruction, mais pour lesquelles la connaissance du grec et du latin ne s'impose pas.

Laissons subsister l'instruction classique pour ceux qui ont besoin de la recevoir ou à qui il plaît de la recevoir. Fortifions cette étude en débarrassant les programmes classiques des matières nouvelles dont on les a encombrés en 1880, sous prétexte de les *moderniser*. Ces matières nouvelles ne sont que des accessoires. On n'y consacre pas assez de temps pour qu'elles soient profitables. Ce temps est distrait de l'étude des langues anciennes. Vouloir appeler l'attention des élèves sur tant d'objets divers, c'est ne la fixer sérieusement sur aucun. Aussi est-on universellement d'accord pour proclamer que le niveau des études classiques baisse. Reportons toute notre attention sur les langues latine et grecque. Appliquons-nous à les bien faire connaître à la partie de la jeunesse qui veut les connaître ou qui a besoin de les connaître. Nous aurons peut-être moins d'élèves, mais ils seront meilleurs : la qualité nous dédommagera de la quantité. Nous formerons une élite lettrée capable de faire honneur à l'Université et au pays.

A ceux qui se destinent aux carrières non libérales donnons une culture intellectuelle non moins solide, mais par d'autres procédés et en nous inspirant d'un tout autre ordre d'idées. Que les langues vivantes, que notre propre langue s'ajoutent à un enseignement scientifique sérieux pour former une éducation complète de l'esprit. Pourquoi soutenir que nous ne pouvons connaître notre langue que par l'étude du latin ? Qu'en sait-on? A-t-on tenté sérieusement de l'enseigner sans le concours du latin? Je ne le crois pas. Du moment qu'on n'a pas fait cette tentative, peut-on se montrer si affirmatif? Pourquoi le latin aurait-il seul la vertu que nous lui attribuons? Pourquoi ne pourrait-on pas faire l'éducation de l'esprit par l'étude sérieuse de la langue française et des langues étrangères? Qu'est-ce qui donne de la souplesse, de la force et de l'étendue à l'esprit? C'est le travail, l'effort, la comparaison. Est-ce que cet effort ne peut pas s'exercer sur l'étude du français et des langues étrangères combinée avec l'étude des sciences?

On dit que l'étude des langues mortes donne *l'esprit de mesure*, *le goût*, *la finesse et la justesse de l'esprit*. Je ne dis pas non. Mais pourquoi leur attribuer exclusivement ce privilége? Est-il toujours vrai d'ailleurs qu'il en soit ainsi? Peut-on dire absolument de tous ceux qui les ont étudiées qu'ils soient pourvus d'une dose égale de goût, d'esprit, de mesure, de finesse et de justesse d'esprit? Nul n'oserait le soutenir. Avouez donc que ce sont là des qualités personnelles que l'étude développe et perfectionne. Est-ce que l'étude des chefs-d'œuvre de notre littérature ne pourrait en rien développer et perfectionner ces dons naturels? Je connais beaucoup d'excellents esprits qui prétendent que les œuvres de nos grands maîtres sont de merveilleux instruments de culture intellectuelle. Pourquoi, dès lors reléguer, comme nous le faisons, au rang des déshérités de l'intelligence, ceux qui, pour un motif ou pour un autre, n'ont pas vécu dans le commerce intime des Grecs et des Romains? Pourquoi ne reconnaître comme bon que ce que nous faisons nous-mêmes? Pourquoi attribuer toutes les vertus à notre œuvre et les refuser toutes à l'œuvre non moins grande, non moins féconde, d'excellents collégues? Agir ainsi ne vous semble-t-il pas que c'est faire preuve d'un esprit d'exclusivisme qui est la négation de cet *esprit de mesure* que nous prétendons puiser dans l'étude des langues anciennes? Je vous laisse le soin de juger.

DEUXIÈME PARTIE

DU PERSONNEL ENSEIGNANT

CHAPITRE VI

Du personnel enseignant selon les idées de M. Bigot.

J'aborde la question du personnel qui, à mon avis, est d'une importance capitale. Comme M. Bigot, j'estime que « c'est de la qualité des maîtres que dépend la qualité de l'enseignement » mais je ne partage pas ses idées relatives à la préparation du personnel enseignant.

M. Bigot veut que l'enseignement secondaire français, dont il croit avoir fait la découverte, et l'enseignement secondaire classique gréco-latin aient le même personnel. C'est une idée comme une autre. Elle mérite d'être examinée.

Mais où et par qui ce personnel sera-t-il préparé? Sera-ce à l'École normale supérieure et par ses éminents professeurs?

M. Bigot reconnait que si l'École normale « a

commencé par être à peu près exclusivement une préparation à l'enseignement secondaire, elle est aujourd'hui à peu près exclusivement une préparation à l'enseignement supérieur » (page 248). Il explique comment et à la suite de quelles circonstances s'est produite cette transformation. Je n'ai pas à le suivre sur ce terrain. Il me suffit de retenir qu'aujourd'hui l'École normale ne remplit plus sa mission première, qui était « à peu près uniquement de fournir des professeurs à l'enseignement secondaire » (page 238); qu'elle oublie « un peu les intérêts de l'enseignement secondaire » (page 249) qu'elle n'a plus la préoccupation de former des maîtres pour enseigner à des enfants; que parmi ses élèves, « les plus distingués entrent de plain-pied dans l'enseignement supérieur; » que « d'autres, moins favorisés, sont envoyés d'abord dans les lycées; » mais qu' « ils y sont comme l'oiseau sur la branche pour deux ans, trois ans, quatre ans; » qu'ils « ont emporté dans leur malle leurs sujets de thèse, » et que « c'est là pour eux la grande occupation; » que « l'enseignement secondaire ne leur semble plus qu'une épreuve à subir, un steppe aride à traverser, un stage ingrat; » que « la classe les ennuie, parce qu'elle les distrait forcément de leurs travaux personnels, les seuls qui les intéressent, » qu'ils « lui donnent le moins qu'ils peuvent de leur temps et de leur affection » (pages 250-251); qu'il ne reste dès lors « pour se vouer résolument à la pratique de l'enseignement secondaire, dans chaque promotion, » que « ceux qui, en philosophie, en lettres, en histoire, ne se sont découvert ni la vocation, ni l'énergie, ni le talent nécessaires pour acquérir un jour le grade du doctorat » ; que « ceux qui ont borné leur ambition à passer leur agrégation après leur licence, c'est-à-dire les sujets les moins bien doués, les moins courageux aussi ; » que « ceux qui prennent un métier dans la vie ainsi qu'une roue à tourner » (page 251).

Les élèves de l'École normale se classent ainsi en trois catégories : la première ne fournit rien à l'enseignement secondaire ; la deuxième lui donne momentanément quelques maîtres qui s'y ennuient, qui lui consacrent « le moins qu'ils peuvent de leur temps et de leur affection, » et qui, par conséquent, font leur besogne sans goût et la font mal ; la troisième lui fournit « les sujets les moins bien doués, les moins courageux aussi, ceux qui » ont pris « un métier dans la vie ainsi qu'une roue à tourner » et « qui acceptent avec une résignation satisfaite le professorat des lycées en attendant un provisorat ou une inspection académique, lorsque leur gorge ou leur poitrine seront fatiguées » (page 251).

Ces professeurs-là ne font pas de moins détestables maîtres que ceux qui ne passent dans les lycées que « comme l'oiseau sur la branche. » Leur métier, qu'ils ont pris « ainsi qu'une roue à tourner ; » parce qu'ils ont manqué de courage ou de talent, pour suivre l'exemple de leurs condisciples, ils ne l'aiment pas ; ils l'exercent sans zèle ; ils n'ont pas le feu sacré. Ils ne travaillent pas ; ils ne préparent pas leurs classes et les font parfois fort mal, surtout les professeurs de lettres. Il y a certainement des exceptions fort honorables ; mais on peut les compter ; la règle générale, c'est la médiocrité, et une médiocrité qui, comme toutes les médiocrités, est très prétentieuse; car si ces maîtres ont un talent très contestable, ils n'en ont pas moins la conviction qu'ils sont des hommes supérieurs; volontiers ils s'attribueraient le génie. Ils prennent à l'égard de leurs collègues et aussi de leurs chefs hiérarchiques immédiats des allures aristocratiques d'autant plus déplaisantes et d'autant moins justifiées que leur mérite personnel est plus au-dessous de leurs prétentions. Ils dédaignent leurs collègues qui, il est vrai, n'ont pas habité la rue d'Ulm, mais qui n'en sont pas moins parvenus à l'agrégation, ont fait preuve d'une persévérance et d'un courage infiniment supérieurs à ceux des Normaliens et ont, parfois, autant, sinon plus, de valeur personnelle qu'eux. Il faut voir avec qu'elle suffisance superbe et hautaine quelques-uns expliquent leur défaut de relations avec leurs collègues non Normaliens : « Que pourrais-je apprendre à leur fréquentation ? » disent-ils, et ils se tiennent à l'écart, fortifiant sans doute en eux, dans l'isolement de leurs collègues, la conviction de leur écrasante supériorité.

Peu importe d'ailleurs qu'ils dédaignent ou non leurs collègues : ce qu'il importe de retenir, c'est qu'ils font en géneral de médiocres professeurs. Dès lors on peut se demander, avec M. Bigot, si « pour la portion des élèves qui acceptent avec une résignation satisfaite le professorat des lycées, la préparation à l'école est la meilleure, la plus utile ? »

Assurément ce n'est pas celle qui est la plus propre, tout au moins pour les lettres, à faire de bons maîtres de lycée. La préparation à l'enseignement dans les lycées exigerait un genre d'exercices différent de celui auquel ils sont habitués à l'école. « Ce qu'on leur fait rue d'Ulm, ce qu'on leur demande, ce sont des travaux d'enseignement supérieur. » On risque « de leur faire prendre en dégoût et en pitié l'enseignement plus modeste qu'ils seront chargés de donner. » Une fois à la tête d'une classe, ils sont obligés, en effet, de se livrer à des exercices de détail, à un enseignement terre à terre qu'ils regardent comme au-dessous d'eux. De même qu'à l'école, ils ont manqué de courage pour s'élever jusqu'à l'enseignement supérieur, de même au lycée ils en manquent pour descendre jusqu'au niveau de l'enseignement secondaire.

Quand on lit dans le livre de M. Bigot que la préparation de l'École normale « risque de faire prendre en dégoût et en pitié » par les élèves, l'enseignement secondaire, on s'attend à le voir conclure qu'il faut renoncer à cette préparation. Il ne va pas jusque-là. Il demande que l'on maintienne l'école normale, pour former des professeurs d'enseignement supérieur. Il a raison, à ce point de vue. Mais du moment qu'elle « oublie les intérêts de l'enseignement secondaire » qui en prendra souci? Les Facultés, répond M. Bigot. Elles seront chargées de former les professeurs des lycées. L'institution des bourses de licence et d'agrégation leur fournira l'occasion de devenir autant d'écoles normales supérieures au petit pied.

Ainsi, le personnel de l'enseignement secondaire sera préparé par les Facultés, et M. Bigot attend des merveilles de cette préparation. Je voudrais pouvoir partager sa confiance. Mais j'ai des doutes sérieux sur les résultats qu'on obtiendra. Voici d'où me viennent ces doutes.

D'abord, par qui les boursiers de licence et d'agrégation seront-ils préparés? Par des maîtres sortis de l'École normale supérieure. Mais ces maîtres n'appliqueront-ils pas dans leur enseignement les méthodes suivant lesquelles ils ont eux-mêmes été formés, c'est-à-dire suivant les méthodes savantes de l'enseignement supérieur? M. Bigot lui-même l'avoue, car il dit (page 249) : « On travaille dans nos universités avec persévérance et courage ; on y applique dans toute leur rigueur les méthodes de la critique : on y étudie les textes; on y compulse les documents authentiques. »

Ce sont, en effet, les méthodes nouvelles. Ce sont celles qu'on applique avec succès à l'École normale pour former les professeurs de l'enseignement supérieur. Mais étudier les textes, compulser les document authentiques, les comparer, les soumettre à une sévère et rigoureuse critique est-ce vraiment former un professeur d'enseignement secondaire? Est-ce lui apprendre « la partie élémentaire, précise, définitivement acquise de la science, ses résultats incontestés? » Est-ce bien le former pour redire « ce qui est déjà connu et approuvé, » toutes choses qui constituent l'essence même de l'enseignement secondaire? N'est-ce pas plutôt lui apprendre à « chercher, » l'habituer à s'efforcer « de porter la lumière sur les points mal connus » de la science, ce qui est l'essence même de l'enseignement supérieur qui « représente la science en voie de formation? »

Telles sont donc les méthodes suivant lesquelles les professeurs de Faculté travailleront avec leurs auditeurs. Ils leur feront part des résultats de leurs recherches personnelles; ils compareront devant eux des textes, les discuteront, leur exposeront ce que ces textes pourront renfermer de contradictoire, sur quel point ils sont d'accord, pourquoi il faut rejeter telle opinion ou telle appréciation et pourquoi il convient d'en adopter une plutôt qu'une autre. C'est fort bien. Rien n'est plus propre à ouvrir à l'esprit de vastes horizons, à donner de la vigueur à la pensée, de la force au raisonnement, à provoquer la curiosité, à inspirer le goût des recherches, à faire un savant, pour tout dire. Mais est-ce bien là ce qu'il faut à un professeur de lycée, qui doit redire à des enfants « la partie déjà connue et approuvée, les résultats acquis et incontestés de la science? »

Que faut-il à un professeur de lycée? Évidemment des connaissances générales étendues, la vue d'ensemble des questions qu'il est appelé à exposer et à expliquer à des intelligences neuves. Il faut qu'il domine son sujet; qu'il sache coordonner les différentes parties d'un tout, donner à chaque partie le rang et l'importance qui lui appartiennent; qu'il ne dédaigne pas de se mettre à la portée des jeunes intelligences; qu'il sache leur tenir un langage simple, sans tomber dans la trivialité. Il faut qu'il sache faire une leçon, ce qui n'est pas aussi facile qu'on le pense généralement. Il faut qu'il soit un homme instruit; mais il n'est pas nécessaire qu'il soit un savant.

La préparation au professorat, selon moi, comprend deux parties distinctes, mais qui ont cependant une corrélation intime et concourent toutes les deux au même but, celui de former un professeur capable, un vrai professeur; une partie *théorique* et une partie *pratique* ou *professionnelle*.

La première donnerait au futur maître les connaissances générales; la deuxième les lui ferait appliquer, le façonnerait pour le métier. Dans la première, le professeur exposerait lui-même, à un point de vue élevé et méthodique, les résultats admis, approuvés et incontestés de la science. Il donnerait l'instruction, le savoir; il meublerait l'esprit : c'est ce qui constitue l'acquis. Il s'assurerait, en outre, par des interrogations et par des travaux écrits, que ce qu'il a enseigné a été compris et est su. En d'autres termes, il instruirait indépendamment de toute considération. Ces notions générales acquises et digérées, il faudrait se préoccuper de diriger l'esprit du futur maître vers le but déterminé qu'il se propose d'atteindre, c'est-à-dire lui apprendre l'art difficile de transmettre à autrui les connaissances acquises : c'est la partie professionnelle. Elle est, selon moi, aussi importante, sinon plus, que la première. L'élève, devenu maître, aura à faire des leçons de littérature ou d'histoire, à expliquer des auteurs, à les commenter, à analyser leurs œuvres, ou à enseigner les sciences mathématiques, physiques, etc. ; à corriger des devoirs écrits, faits par des enfants.

Eh bien! je voudrais qu'on soumît le futur maître à ce genre d'exercices. Je voudrais que des sujets de leçons d'histoire, de littérature, de philosophie, de mathématiques, de physique, de chimie lui fussent données à traiter; qu'on lui accordât un temps déterminé pour la préparation; et, qu'au bout de ce temps, s'installant dans la chaire, en présence de ses condisciples et de son professeur, il traitât la question étudiée. L'exposition finie, je voudrais que les auditeurs fissent leurs remarques, que la façon dont la question a été traitée fût soumise à la discussion, que celui qui l'a traitée expliquât, justifiât sa méthode, indiquât les motifs qui l'ont déterminé à insister davantage sur telle partie, à passer plus rapidement sur telle autre, à donner à telle partie telle place plutôt que telle autre, à prouver enfin qu'il a tout disposé suivant un plan raisonné. Je voudrais que les auditeurs, qui trouveraient telle partie incomplète, telle autre trop développée, telle autre mal placée, telle autre erronée, justifiassent leurs vues, et, qu'en dernier lieu, le professeur donnât son appréciation, fît ressortir les points faibles, les points passables et les points bien traités et pourquoi ils lui paraissent tels; qu'après avoir disséqué le plan adopté, il donnât le sien qu'au besoin les élèves prendraient par écrit. Je voudrais qu'on procédât de même pour les explications de mots, les commentaires des passages des auteurs et les analyses de leurs œuvres; pour les leçons de sciences mathématiques, physiques et chimiques. Je voudrais encore qu'on lui fît corriger, et toujours de la même manière, des devoirs écrits.

Ces exercices feraient approfondir les questions traitées et apprendraient « la délicate science de la construction d'une leçon, » révéleraient au futur professeur que les questions qu'il croyait le mieux savoir, il ne les savait qu'imparfaitement tant qu'il n'avait pas été soumis à l'épreuve redoutable, mais profitable de les exposer lui-même. Ces exercices lui feraient toucher du doigt les difficultés de l'enseignement, attireraient son attention sur la partie pratique qui est aujourd'hui trop délaissée.

Ce n'est pas encore tout. Je voudrais que, lorsque les élèves se seraient ainsi habitués à faire des leçons devant leurs condisciples et devant leurs maitres, ils fussent mis, pendant un an, six mois au moins, en présence de vrais élèves, d'enfants de l'âge de ceux auxquels ils seront plus tard obligés d'enseigner, et qu'ils fussent chargés de l'enseignement sous la direction de leurs propres professeurs. Ainsi feraient-ils l'apprentissage réel, vrai, de leur métier. Dès leur début dans la carrière, ils se trouveraient munis d'une expérience que beaucoup n'acquièrent qu'au bout de plusieurs années de pratique et de tâtonnements funestes pour leurs élèves, que beaucoup même n'acquièrent jamais. On aurait ainsi des maitres vraiment et exclusivement formés pour l'enseignement secondaire. Les résultats qu'on obtiendrait seraient tout différents de ceux qu'on obtient aujourd'hui.

Les professeurs de Faculté fourniront-ils des maîtres ainsi préparés? Je n'hésite pas à répondre : Non ! non ! mille fois non !

Ces savants, occupés à fouiller des archives, à compulser, à comparer et à critiquer des textes, consacreront tout leur temps à ces travaux d'érudition. Leur enseignement sera celui d'un savant. Ils ne se borneront pas à exposer les résultats admis et acquis de la science; ils voudront montrer comment on cherche, pourquoi on n'accepte d'abord ce que l'on a trouvé que sous bénéfice d'inventaire, comment on contrôle les documents, les textes, par quelle voie on arrive à se faire une conviction définitive. Ils feront de l'enseignement supérieur et non pas de l'enseignement secondaire. Ils négligeront de familiariser leurs élèves avec la pratique du métier auquel ceux-ci se destinent, parce que ce travail absorberait leur temps et les distrairait de leurs occupations favorites. Ce sera un enseignement analogue à celui que donne actuellement l'École normale supérieure.

Qu'arrivera-t-il? Les boursiers, vraiment intelligents, laborieux et studieux seront séduits par cet enseignement, en profiteront et prendront en dégoût l'enseignement secondaire plus modeste. Ils entreront eux aussi dans l'enseignement supérieur. Mais le nombre des chaires de cet enseignement est forcément limité. Alimenté à la fois par l'École normale supérieure et par l'élite des boursiers, l'enseignement supérieur ne tardera pas à avoir plus de demandes de chaires qu'il n'aura de chaires à distribuer. Il y aura encombrement. On sera obligé de détourner vers l'enseignement secondaire des maîtres préparés pour l'enseignement supérieur, qui auront du goût pour cet enseignement, qui n'en auront aucun pour l'enseignement dont on les chargera et qui le donneront mal. Les boursiers, moins bien doués, moins courageux et moins studieux, n'auront profité qu'à moitié de cet enseignement trop élevé pour eux, n'aspireront qu'à prendre leur licence et à exercer une profession de laquelle ils n'auront rien appris de pratique, et qu'ils exerceront mal au grand détriment des études secondaires. Qu'on ne s'y trompe pas : voilà le danger. Bien des esprits clairvoyants l'ont déjà vu, et grand est le nombre de ceux que j'ai entendus le signaler.

Il y a encore une autre raison pour que la préparation des Facultés ne produise pas les résultats qu'on en attend. Il est probable que le ministre de l'instruction publique a été renseigné sur ce point. C'est que le plus grand nombre des boursiers ne travaille pas autant qu'on pourrait le désirer. Ces jeunes gens, livrés à eux-mêmes, assistent bien aux cours et conférences de leurs professeurs, du moins tant qu'ils sont boursiers de licence, parce qu'ils craignent que les professeurs mécontents de leurs absences ne les fassent échouer à l'examen; mais les boursiers d'agrégation sont d'un sans-gêne sans exemple. Souvent le professeur de Faculté se trouverait seul dans la salle des conférences, s'il n'y avait pas quelque maître répétiteur ou quelque professeur du lycée qui assistât avec plus d'exactitude à ses cours.

En outre, les cours et les conférences ne durent pas toute la journée. Dans l'intervalle des cours, les boursiers sont libres. Or, à quoi, dans beaucoup de villes de province, emploient-ils ces heures de liberté? Est-ce à travailler? Quelques-uns, oui. Mais les autres (et c'est de beaucoup le plus grand nombre), l'emploient à donner des leçons au rabais au détriment des intérêts des professeurs du lycée. La soirée, ils l'emploient à dépenser l'argent qu'ils ont gagné dans la journée. A leur instruction personnelle, ils n'accordent que le temps nécessaire pour bâcler de temps à autre un travail, histoire d'éviter des reproches. Se résignent-ils à travailler, ce n'est que pour donner un coup de collier, la veille de l'examen. Leur travail n'est pas cette occupation constante, cette attention soutenue de tous les instants qui seule est féconde et fortifiante pour l'esprit. Ils se considèrent comme de petits fonctionnaires à douze ou quinze cents francs par an qui, pour joindre les deux bouts de l'année sans être une charge pour leurs parents, sentent la nécessité d'ajouter un faible casuel à leur revenu fixe. Que ces faits se passent partout, je ne l'affirmerai pas; mais, à coup sûr, ils se passent dans certaines villes. J'en ai été témoin moi-même. Sur ce que j'ai vu, de mes yeux vu, je n'admets pas de contradiction. Du reste, j'ai déjà entendu des professeurs de Faculté et même un Recteur s'en plaindre. Le mal existe; cela est certain, et il ne pourra que s'aggraver.

On m'objectera que s'il en est ainsi ces jeunes gens échoueront aux examens et ne deviendront pas professeurs. Je ne dis pas non. Cependant j'ajoute que faible sera le nombre de ceux qui n'obtiendront pas la licence. Et pourquoi? Parce que ce sont leurs professeurs eux-mêmes qui sont examinateurs et qu'en général ils ne renverront pas leurs propres élèves sans un bout de parchemin à mettre dans la poche. Est-ce à dire que je suspecte l'impartialité des jurys d'examen? Pas le moins du monde. Seulement je dis que quand un professeur aura vécu deux ans avec des jeunes gens, quand il les aura eus pendant deux ans comme auditeurs, quand il aura corrigé quelques-uns de leurs travaux, si peu soignés qu'ils aient pu être, il lui répugnera de les renvoyer *Jean comme devant.* Il se sera établi entre le maître et les élèves un courant plus ou moins sympathique qui aura son influence dans l'examen à l'insu même de l'examinateur. La nature humaine est ainsi faite. Entreprendre de la changer pour la circonstance, ce serait tenter l'impossible.

Ainsi, d'un côté la préparation des Facultés n'est pas ce qu'elle devrait être pour former des professeurs de lycée; de l'autre, la trop grande liberté dont jouissent les boursiers est nuisible aux études. Sauf quelques rares exceptions, ils ne consacrent pas à leur travail personnel tout le temps qu'il faudrait et qu'ils pourraient y consacrer. Si on attend de l'institution des bourses de licence et autres le relèvement de notre enseignement sécondaire, on fait preuve d'une grande naïveté.

Cette institution a encore l'inconvénient de coûter fort cher pour ce qu'elle produit. Cent boursiers ne donneront pas dix bons professeurs. Or chaque boursier de licence coûte à l'État 1200 francs par an. Cent, lui coûteront 120 000 francs, et pour une préparation d'une durée de deux ans, 240 000 francs, soit une dépense de 24 000 francs par professeur. C'est beaucoup trop.

Cependant M. Bigot approuve cette institution. Pourquoi? C'est que, d'après lui, « autrefois les Normaliens ne rencontraient guère dans les lycées que des inférieurs au point de vue de la haute culture intellectuelle, » tandis qu' « ils y trouveront désormais des égaux. » L'argument est à retenir. Il ne manque pas d'originalité. Je viens de prouver qu'on n'est pas bien certain de trouver chez les boursiers de Faculté une haute culture intellectuelle très accentuée. Mais admettons qu'il en soit ainsi. Alors ce serait uniquement pour fournir des égaux aux quelques Normaliens médiocres, pédants et prétentieux « qui acceptent avec une résignation satisfaite le professorat des lycées, » qu'on imposerait aux contribuables une dépense de 24 000 francs pour la préparation d'un professeur. M. Bigot doit évidemment prendre ses lecteurs pour ce qu'ils ne sont pas. Leur offrir ce plat de lentilles pour 24 000 francs et chercher à leur prouver qu'il leur fait beaucoup d'honneur en le leur offrant pour ce prix, c'est en vérité trop compter sur la naïveté humaine.

Il est vrai que M. Bigot a un autre argument plus sérieux, du moins en apparence. Le voici : « il n'est pas bon que tous les esprits soient coulés dans le même moule et toute école spéciale, surtout une école d'internes » a le sien. Je reconnais qu'une école spéciale a son « moule ». Mais j'ajouterai qu'un « moule », surtout s'il est bon, n'est pas pour m'effrayer. En matière d'enseignement, « le moule » c'est la méthode. Nul ne contestera, je pense, que rien n'est plus indispensable que la méthode dans l'enseignement et que rien n'est plus fatal aux études que l'absence de méthode. Un professeur, sans méthode, n'obtient pas de résultats, déroute ses élèves et les condamne à piétiner sur place faute de donner à leur esprit une direction sûre. Je ne soutiens pas que pour former des professeurs de latin et de grec, l'enseignement des Facultés ne puisse pas produire des résultats. Il existe, pour cette étude, une tradition, une méthode qui est la même pour tous et connue de tous. Mais d'une manière générale, l'enseignement des Facultés ne me paraît pas conçu dans un esprit tel qu'il puisse fournir de bons professeurs à l'enseignement secondaire. J'en ai déjà donné les raisons.

A mon humble avis, une *école* et une *école d'internes*, me semble seule capable de conduire à ce résultat. Que dans cette école on place des professeurs instruits, dévoués, zélés ; des professeurs qui aiment leur profession et le travail, ne seraient-ils pas des savants, ils formeront de vrais maîtres pour les lycées. Du moment qu'on trouve des candidats pour les bourses de licence, on trouvera des candidats pour cette école. On réalisera des économies sérieuses et on formera sûrement des maîtres qui, ne rêvant « autre chose que de consacrer toute leur vie à l'enseignement secondaire, ne souhaitant ni n'espérant davantage, donneront à ce métier toute leur ardeur et toute leur affection. »

Mais si l'existence d'une école destinée à la préparation des professeurs pour l'enseignement secondaire classique me paraît nécessaire, je dirai que l'existence d'une école destinée à préparer des professeurs pour l'enseignement que M. Bigot qualifie de l'épithète de secondaire français, et que j'appellerai de son nom officiel, enseignement secondaire spécial, me paraît, non seulement nécessaire, mais absolument indispensable.

CHAPITRE VII

Nécessité d'une école normale d'enseignement secondaire spécial.

Une école normale destinée à préparer des professeurs pour l'enseignement secondaire spécial me paraît être de première nécessité. Je prendrai la liberté d'exposer les raisons qui, selon moi, militent en faveur de l'existence de cet établissement particulier.

J'alléguerai d'abord ce que j'appellerai les précédents. On pourrait m'objecter, il est vrai, que les précédents ne prouvent rien. De ce qu'une institution a déjà existé ou existe, on ne doit pas absolument conclure qu'elle doive être renouvelée ou maintenue. S'il en était ainsi, les abus, même les plus choquants et les plus criants, tireraient leur justification de leur existence même. Cependant dans la question qui m'occupe je ne dois pas tenir compte de cette objection. Si elle se produisait, elle serait sans force, parce qu'elle aurait contre elle les idées reçues, l'opinion publique.

J'invoquerai donc en faveur de ma thèse les précédents et ils sont nombreux. Quand la Convention décréta une instruction nationale, elle se préoccupa de former un personnel enseignant. Que fit-elle? Elle créa l'École normale supérieure. Sa création ne réussit pas, je le sais; l'idée n'en était pas moins juste.

Quand Napoléon créa et réorganisa l'Université, son premier souci fut de donner à la jeunesse des maîtres bien préparés. Pour les avoir, il reprit l'idée de la Convention et créa de nouveau l'École normale supérieure qui, à part un accident sous la Restauration, a toujours existé depuis.

Plus tard, quand on organisa l'enseignement primaire, on comprit la nécessité de former des instituteurs et à cet effet, on créa des écoles normales primaires. Quand on voulut étendre les bienfaits de l'instruction primaire aux jeunes filles, les soustraire à l'enseignement congréganiste et établir pour elles, comme pour les garçons, des écoles primaires dans toutes les communes, on créa, pour former le personnel enseignant, des écoles normales primaires d'institutrices.

Plus récemment encore on a créé l'enseignement secondaire des jeunes filles. N'a-t-on pas, pour former le personnel enseignant, créé une école normale secondaire de jeunes filles? Encore d'autres exemples. Jusqu'à ces dernières années, l'enseignement, dans les écoles normales, était donné par des instituteurs. On a éprouvé le besoin d'avoir un personnel enseignant plus instruit. Pour le former on a créé l'école normale primaire supérieure des instituteurs de Saint-Cloud, et l'école normale primaire supérieure des institutrices de Fontenay-aux-Roses.

Ainsi, chaque fois qu'en France, on a créé un enseignement nouveau ou réorganisé un enseignement existant, on a compris la nécessité d'avoir un personnel enseignant distinct, et, pour le former, on a fondé des écoles spéciales. Serait-il aller à l'encontre de la tradition que de demander pour l'enseignement secondaire spécial un personnel particulier et une école particulière pour le préparer?

La nécessité de ce personnel s'impose aujourd'hui plus que jamais. Pourquoi? Parce que l'hostilité ouverte des professeurs classiques à l'égard de l'enseignement spécial les rend suspects. On a tous les motifs de craindre que si on leur confie cet enseignement, ils ne le donnent avec un zèle trop froid, et cela intentionnellement, dans l'unique but de le laisser végéter, de le déprécier et de le faire regarder comme l'apanage des seuls déshérités de l'intelligence. D'ailleurs, si l'on doit considérer le passé comme un gage de l'avenir, si l'on doit présumer de la conduite future des professeurs classiques par l'exemple de leur conduite passée, on ne peut que désirer ardemment un personnel particulier pour l'enseignement spécial.

En effet, on a souvent confié aux classiques des classes à faire aux élèves de l'enseignement spécial. Toujours ou presque toujours, ils les ont faites d'une façon déplorable. Ils ont traité les élèves comme des êtres inférieurs, indignes d'être admis au banquet de leur science et incapables de la comprendre. Aussi se sont-ils bien gardés de la leur enseigner. De propos délibéré, ils ne leur apprenaient rien, et ils les accusaient de ne rien savoir, de ne pouvoir jamais rien savoir, et s'écriaient triomphalement: « Voyez ces élèves d'enseignement spécial, ils ne savent rien. »

C'est un fait connu de tous. M. Bigot lui-même l'admet, quand il écrit (page 88) : « Les professeurs de l'enseignement classique, quand on les charge, pour compléter leurs heures de service réglementaire, de faire la classe aux élèves des cours spéciaux, croient trop souvent faire une besogne au-dessous d'eux, la font sans goût et la font mal. » Voilà un aveu bon à retenir. Il est d'ailleurs la constatation d'un fait réel. Seulement tel qu'il est présenté, il est incomplet.

Au dire de M. Bigot, il semblerait que les classiques ne faisaient leur besogne sans goût et mal que parce qu'on la leur donnait comme un surcroît de travail. Il faut ajouter, pour être plus exact, qu'on ne les chargeait pas toujours de faire la classe aux élèves des cours spéciaux, uniquement pour compléter leurs heures de service réglementaire. Très souvent on leur proposait des heures supplémentaires payées au même taux que celles dont ils auraient pu être chargés dans l'enseignement classique. On ne leur imposait rien; on leur offrait; ils auraient pu refuser. En général, ils s'en gardaient bien. Ils acceptaient avec empressement, recevaient avec non moins d'empressement le traitement supplémentaire, mais ils faisaient leur besogne avec un zèle plus que tiède et avec aussi peu de soin que si on la leur eût imposée. Émarger leur paraissait bon; mais la besogne, détestable. Compter sur le dévouement des classiques pour faire prospérer l'enseignement spécial, ce serait une illusion profonde et une naïveté non moins profonde, ce serait se ménager de cruelles et amères déceptions.

Trouverait-on des classiques qui accepteraient d'être professeurs d'enseignement spécial? Certainement. On verrait tel ou tel professeur d'un lycée de troisième catégorie, pour passer dans un lycée de deuxième, ou d'un lycée de deuxième pour passer dans un lycée de première, ou d'un lycée de premièrepour passer dans un lycée de Paris, accepter des cours d'enseignement spécial, mais avec l'idée bien arrêtée de n'y rester que jusqu'au moment où une chaire deviendrait vacante dans l'enseignement classique. Il se produirait pour l'enseignement spécial, ce qui se produit pour certains cas particuliers de l'enseignement classique. Des professeurs de province, pour aller à Paris, acceptent de faire les cours de lettres aux élèves de sciences, ou les cours de sciences aux élèves de lettres. Mais ils n'acceptent qu'avec l'intention de ne rester chargés de ces cours que le moins longtemps possible et de les déserter à la première vacance de chaire qui se présentera. Ils ne sont là que comme « l'oiseau sur la branche » et ils donnent cet enseignement sans aucune ardeur. Ainsi en serait-il pour l'enseignement spécial, et je n'hésite pas à dire, parce que j'en suis absolument convaincu, qu'entre leurs mains cet enseignement dépérirait. Ce serait le condamner à une irrémédiable décadence, à une mort certaine à courte échéance que de le leur confier.

Il y a encore une autre considération à faire valoir en faveur d'un personnel distinct. C'est que si l'enseignement spécial se propose, comme son aîné, de développer l'intelligence des jeunes gens, d'en faire des hommes instruits, des citoyens éclairés; de former leur jugement, de leur apprendre à apprendre et à penser, il poursuit et doit poursuivre ce but par d'autres procédés, par des méthodes plus directes qui, sans être moins rigoureuses, permettent d'arriver plus vite que celles de l'enseignement classique. Il diffère et doit différer de ce dernier par son objet, ses tendances et ses méthodes. A la théorie, base de tout enseignement sérieux, il doit joindre, dans une mesure rationnelle, l'application qui éclaire la théorie, la fait mieux saisir, la fortifie et la grave plus profondément dans l'esprit, et détourne, par ses tendances et les connaissances qu'il donne, les jeunes gens des carrières publiques ou libérales pour les diriger de préférence vers les carrières industrielles, commerciales et agricoles. Mais les programmes les mieux conçus, les plus étudiés ne signifient rien, si on ne les applique avec intelligence. Pour les appliquer avec intelligence, il faut des maîtres dégagés de l'esprit classique. L'enseignement spécial ne vivra, ne grandira, ne prospérera, ne donnera satisfaction aux intérêts multiples qui le réclament, ne remplira son rôle social, en un mot, qu'autant qu'il aura des maîtres particuliers, préparés exprès pour lui, imbus de son esprit, pénétrés de son rôle et de son importance, capables de s'identifier à lui, dont le cœur sente jusqu'à la passion la grandeur de leur mission, prêts à travailler avec le zèle du prosélytisme à son succès, à sa propagation et à son développement. Il lui faut des maîtres qui fassent de sa prospérité une question d'honneur, un cas de conscience, si je puis ainsi parler. Il faut que ces maîtres lui appartiennent en propre, qu'ils l'estiment et qu'ils l'aiment. Ce n'est pas chez les classiques qu'on peut espérer trouver ces dispositions et ces sentiments. Il faut donc former ces maîtres. Pour les former, il faut une école qui vise, non à faire de l'enseignement supérieur, mais uniquement à former des maîtres pour l'enseignement spécial essentiellement secondaire; une école qui donne d'abord aux élèves la partie théorique de leur future profession, qui les instruise, qui les munisse de connaissances sérieuses; puis, qui les initie à la partie professionnelle de leur métier, par des leçons orales, des corrections de devoirs devant leurs condisciples et leurs professeurs et ensuite devant des enfants; une école qui, par ses méthodes, établira, pour l'enseignement spécial, une tradition, comme l'École normale supérieure en a établi une pour l'enseignement classique, à l'époque où elle formait des professeurs pour l'enseignement secondaire.

CHAPITRE VIII

Où doit être l'école d'enseignement secondaire spécial ?

Il faut donc une École ; mais où doit-elle être placée ? Beaucoup de bons esprits prétendent qu'elle doit être à Paris ou dans ses environs. Ils font valoir en faveur de leur idée que les élèves trouveraient pour leur travail des ressources nombreuses et précieuses dans les musées, dans les bibliothèques, dans les conférences et les cours de la Sorbonne et du collége de France et même dans la fréquentation de la Comédie française où ils sentiraient plus vivement et plus sincèrement les beautés des chefs-d'œuvre de notre littérature classique ; surtout qu'on aurait plus de facilité pour leur donner des maîtres éminents ; que si elle était placée près de la rue de Grenelle, le directeur pourrait s'occuper du placement des élèves, faire partie du conseil supérieur, des diverses commissions nommées pour étudier les questions d'enseignement spécial et exercer une influence sur les destinées de cet enseignement et sur la direction à lui donner. Ce sont des avantages que je suis loin de méconnaître et que nul ne méconnaît. Mais je ne dissimulerai pas non plus que plusieurs de ces avantages sont plus apparents que réels.

D'abord, placez cette école aux environs de Paris, au lieu de la placer à Paris même : certains des avantages que vous mettez en avant perdront beaucoup de leur importance. Il sera alors, sinon impossible, du moins très difficile aux élèves d'assister aux conférences et aux cours, soit de la Sorbonne, soit du Collége de France. Ce ne sera que dans des occasions très rares qu'il leur sera donné d'y assister et dès lors cet avantage devient illusoire. Il en sera de même du profit à retirer des représentations de la Comédie française. Je ne parlerais pas de ces détails, si je n'avais entendu certaines personnes leur attribuer des vertus merveilleuses. A les entendre on dirait que l'avenir de la France en dépend.

Puisque je suis sur la question des avantages qu'il y aurait pour l'École à être à Paris ou aux environs, il faut que je dise toute ma pensée. J'admets que l'École soit au centre de Paris. On dit : « Les élèves ont la ressource des Musées. » — Sans doute, mais y vont-ils ? Je me permets de poser un point d'interrogation. — « Ils ont la ressource des bibliothèques », ajoute-t-on. — Soit. Mais le dimanche, jour de sortie, les bibliothèques sont fermées. Ils ne peuvent donc y aller. Le jeudi, elles sont ouvertes ; mais voudriez-vous me dire combien d'élèves, sortant pour se distraire, vont s'enfermer dans les bibliothèques ? — Il reste la ressource des conférences ou cours de la Sorbonne et du Collège de France. — Je n'en disconviens pas ; mais profiteraient-ils de ces cours ou conférences ? J'ai des doutes et des doutes très sérieux. Voici d'où ils me viennent.

Il y a dix ans, j'avais demandé et obtenu un congé d'un an pour achever un travail qui exigeait des recherches. Je passai mon année près de la Sorbonne. J'assistais presque tous les jours à quelques cours; je travaillais aussi à la bibliothèque. Eh bien! je fus témoin de bien de petits faits qui me dessillèrent les yeux. Les élèves de l'École normale supérieure étaient autorisés par l'administration de l'École à suivre certains cours. Je dois leur rendre cette justice que le jour et à l'heure où le cours avait lieu, ils étaient absents de l'École, mais ils n'étaient pas pour cela présents au cours. Ils devaient bien, il est vrai, inscrire leurs noms sur un registre de présence. Mais, à tour de rôle, l'un d'entre eux assistait au cours, et inscrivait les noms de tous sur ledit registre; les autres passaient l'heure au café d'en face où venait, à la sortie du cours, les chercher celui qui y avait assisté. Voilà ce qu'on appelle rue d'Ulm profiter des conférences ou cours de la Sorbonne.

Reste la considération des professeurs éminents. Elle a sa valeur. Mais ailleurs qu'à Paris, on peut avoir des professeurs, sinon éminents, du moins très distingués. On n'a qu'à le vouloir, on les trouvera. Or un professeur distingué et dévoué à qui on confiera la noble mission de préparer des maîtres pour l'enseignement secondaire et qui y consacrera tous ses instants, qui dirigera vers ce but toutes ses pensées, fera, neuf fois sur dix, mieux qu'un homme éminent, que cette préparation détourne très souvent de travaux personnels qui absorbent toute son attention. Qu'on prenne cela pour un paradoxe ou non, peu m'importe. C'est ma conviction et je l'exprime. Un jeune homme de vingt ans fera plus de progrès avec un maître dévoué qui ne craindra pas de s'abaisser d'abord au niveau de l'intelligence de son auditeur, pour élever peu à peu et méthodiquement cette intelligence à un degré supérieur, qu'avec un savant éminent qui lui parlera comme on parle à des savants.

Reste encore l'avantage que l'École retirerait à être dans le voisinage du ministère. Je ne le conteste pas non plus; mais aujourd'hui les moyens de communication sont si rapides et si faciles que vraiment cet argument perd beaucoup de sa force.

En résumé, je verrais avec plaisir une école d'enseignement secondaire spécial à Paris. Mais je ne comprends pas pourquoi elle ne saurait produire des résultats ailleurs que là.

Nous attribuons au séjour de Paris des vertus extraordinaires. Autrefois Paris était un centre intellectuel dont le prestige s'étendait au loin. Mais ce prestige n'était pas aussi absorbant ni aussi exclusif qu'aujourd'hui. Il existait dans le reste de la France de très petites villes dont la renommée était grande. Nos pères ne pensaient pas que l'atmosphère de la capitale eût le privilége exclusif d'ouvrir les intelligences et de transformer tous ses habitants en génies. Ils pensaient que l'activité pouvait faire des hommes instruits sur quelque point du sol français qu'elle s'exerçât. Depuis le Consulat et l'Empire, depuis le système de centralisation à outrance qui fut inauguré alors, tout a changé. Paris apparaît comme le seul phare lumineux. A Paris seulement un homme peut devenir un savant. Les lycées de Paris seuls forment des élèves; les autres ne comptent pas : tout cela c'est de la camelotte; les Facultés de Paris seules ont le privilége de former des jeunes gens instruits. La Sorbonne seule possède la baguette magique qui transforme en géants des jeunes gens qui, s'ils étaient demeurés à Lyon, à Toulouse, à Bordeaux ou à Grenoble, n'eussent jamais été que des pygmées. Un jeune homme aura travaillé avec la plus grande ardeur, aura profité des leçons de maîtres non moins distingués que ceux de Paris, à Toulouse ou à Poitiers; il sera instruit, sérieux, possédera des connaissances solides, aura un jugement sûr, il ne sera que médiocrement coté. Mais, si au lieu de s'être livré à un travail soutenu dans une ville de province, il était venu passer à Paris quatre, cinq, six ans, faisant de très rares apparitions à la Sorbonne ou place du Panthéon, ou boulevard Saint-Germain, de très fréquentes dans les sous-sols des cafés-brasseries du quartier Latin ou usant la semelle de ses souliers pointus sur l'asphalte du boulevard Saint-Michel, oh ! alors, il eût été porté haut dans l'estime publique de son village natal. Sa cervelle eût été vide de science, mais il n'en eût pas moins été un grand homme. Voilà où nous conduit un préjugé stupide.

Je ne nie pas que le jeune homme sérieux, laborieux, studieux, qui veut arriver et qui a la fermeté de caractère voulue pour ne pas se laisser aller à des entraînements contraires aux progrès de ses études, ne trouve à Paris plus de facilités qu'ailleurs à s'instruire; mais je ne crois pas qu'il n'eût pu obtenir ce résultat ailleurs. Il l'aurait obtenu peut-être même plus sûrement et plus vite ; car si Paris est un foyer de lumières, un centre bien aménagé pour développer les facultés intellectuelles, il est aussi un éteignoir des intelligences. Les exemples de jeunes gens intelligents qui s'y sont abrutis et qui eussent travaillé ailleurs sont nombreux.

Ces considérations, je les crois vraies ; mais je n'y attache pas une plus grande importance qu'elles ne le méritent. L'essentiel, pour moi, c'est que l'enseignement spécial ait une école normale pour former son personnel de maîtres. Que cette école soit à Paris, si on le veut, je le veux aussi. Qu'elle soit ailleurs, je n'y vois aucun inconvénient bien sérieux. Qu'il en ait une, voilà ce qui importe ; car elle est indispensable. J'en ai donné les raisons, je n'y reviendrai pas.

CHAPITRE IX

École normale spéciale de Cluny.

Je ferai remarquer ou peut-être apprendrai-je à certaines personnes qu'il existe une école normale d'enseignement secondaire spécial. M. Duruy, qui créa cet enseignement, était un universitaire et un universitaire trop intelligent, possédant une connaissance trop intime des conditions de développement d'un enseignement nouveau qui devait provoquer la résistance de la grande majorité du corps enseignant, pour le livrer dès sa naissance pieds et poings liés à la merci de ses ennemis, pour ne pas lui donner un bataillon dressé à l'effet de le défendre et de le faire prospérer. Pour dresser ce bataillon, il fonda une école et l'établit à Cluny, dans le département de Saône-et-Loire.

Pourquoi la plaça-t-il à Cluny? Était-ce, comme d'aucuns l'ont dit, pour soustraire les jeunes gens aux influences malsaines des grandes villes et pour leur procurer le calme de l'esprit nécessaire aux études ? En admettant que c'eût été sa pensée, je ne trouverais pas qu'il eût été si mal inspiré; mais je ne le crois pas. M. Duruy avait l'esprit trop ouvert pour prendre un souci démesuré de la vertu des jeunes gens d'une grande école. Il pensait que le désir d'arriver à une position honorable et la préoccupation de l'étude sont la meilleure sauvegarde de la vertu.

Ce furent des raisons budgétaires qui le déterminèrent à placer l'École à Cluny. J'ai lu quelque part que le Corps législatif et le Sénat impériaux avaient voté la loi créant l'enseignement spécial, sans accorder au ministre aucune ressource particulière pour faire face aux dépenses qu'allait entraîner l'organisation de ce nouveau et important service public. Force lui fut donc d'accepter le concours de toutes les bonnes volontés. La municipalité de Cluny était propriétaire d'immenses bâtiments, restes d'une ancienne abbaye de Bénédictins. Elle les offrit à M. Duruy avec une somme de 70 000 francs; le conseil général de Saône-et-Loire accorda 100 000 francs. M. Duruy accepta. Il avait les bâtiments et 170 000 fr. pour les aménager. Il lui restait à trouver des élèves. Il s'adressa aux conseils généraux des départements et leur demanda des ressources. Son appel fut entendu. Ils votèrent, les uns, les fonds nécessaires pour y entretenir deux boursiers, les autres, un. Ainsi fut fondée l'École de Cluny qui s'ouvrit le 2 novembre 1866. Sa mission était de préparer des professeurs pour l'enseignement spécial. L'école, dont j'ai démontré la nécessité, existe donc voilà bientôt vingt ans.

Faut-il la conserver où elle est, en la modifiant, s'il y a lieu, ou la transporter à Paris? J'avoue et je l'ai déjà dit, que je ne verrais aucun inconvénient grave à la placer à Paris. Si elle y était, je serais loin d'en demander le déplacement. Cependant je n'hésite pas à me prononcer en faveur de la première hypothèse. D'abord le déplacement de cette école entraînerait des dépenses considérables et je ne sache pas que le ministre de l'instruction publique ait beaucoup d'argent à jeter par la fenêtre. Je suis plutôt porté à croire qu'il en manque et je crois que, si quelque prodigue s'avisait de se placer dans la rue de Grenelle, en face du n° 110, et de lancer au premier étage quelques sacs de 100 000 francs, le ministre ne le poursuivrait pas pour lui faire payer les vitres cassées. On n'a pas les ressources nécessaires pour faire le déplacement ; c'est une raison pour ne pas le tenter.

En outre, Cluny présente des avantages qui ne sont pas à dédaigner. Les bâtiments de l'École sont grandioses ; la place y est considérable ; de vastes allées de tilleuls séparent les différentes parties d'un immense jardin botanique, au milieu duquel est un vivier de l'étendue d'un lac; des jets d'eau splendides jouent au milieu de spacieuses cours et du jardin; les environs un peu montueux et couverts de grands bois sont ravissants : c'est partout la nature avec ce qu'elle a de riant et de séduisant, qui étale aux yeux éblouis sa beauté, dispose le cœur à une douce joie, l'esprit à la réflexion. Ceux qui en douteraient n'auraient qu'à s'y rendre, comme je l'ai souvent fait, il y a une douzaine d'années, alors que j'étais professeur dans un lycée du voisinage. Le ciel y est pur; l'air, sain. Tout cela chasse l'ennui et empêche les élèves d'y étouffer, quoi qu'on en ait dit.

En utilisant convenablement les vastes locaux de l'ancienne abbaye, on peut y installer des musées superbes, des collections magnifiques, une riche bibliothèque que les élèves fréquenteront avec plus d'assiduité qu'ils ne fréquenteraient les musées et les bibliothèques de la capitale et où ils trouveront tout ce qui peut les aider dans leurs études et les leur faciliter.

A Cluny existent les éléments d'une installation qu'on ne trouvera nulle part aussi spacieuse, aussi commode, aussi salubre et à si peu de frais.

On dit : « Cluny est trop éloigné ; on ne peut y envoyer de vrais maîtres. L'école est trop isolée. » Ces inconvénients, il est facile de les faire disparaître ; ces maux ne sont pas sans remède. Que l'on donne aux professeurs un traitement convenable ; qu'on les fasse débuter à 8000 francs avec faculté d'arriver à 10 000 francs ou 11 000 francs, et on trouvera des hommes capables, vraiment distingués, ayant l'expérience de l'enseignement, qui accepteront avec reconnaissance d'aller enseigner à des jeunes gens laborieux, intelligents, actifs, déjà instruits, avides d'apprendre, et qui travaillent en vue d'une position modeste, mais honorable. Il ne s'agit pas de se faire illusion ni de se payer de mots. Il existe des professeurs sérieux, instruits, distingués, trouvant plus de satisfaction dans l'étude journalière des progrès des sciences et des lettres que dans les goûts mondains, ou les plaisirs variés, ou l'agitation fiévreuse de la grande ville, et qui n'aiment pas la grande ville. Le ministère de l'instruction publique doit, mieux que personne, savoir qu'il a des serviteurs dévoués et pleins de mérite, ennemis de la brigue et de l'intrigue, détestant de faire antichambre, pourvus de bonnes notes des inspecteurs généraux, à qui il a proposé des chaires à Paris, et qui les ont refusées. Qu'il leur donne donc la mission de former des maîtres, et il se convaincra de leur haute valeur. Que quelques gogos, amoureux du bruit, enclins à la flatterie bête et basse, crient à Paris qu'en dehors de la grande ville et de leurs lumières spéciales rien de grand ne peut s'accomplir, peu importe. Que le ministère fasse l'expérience, il n'aura pas à regretter son initiative.

Puis, serait-il difficile de mettre un terme à l'isolement dans lequel vit cette école depuis une douzaine d'années, et de la rapprocher en quelque sorte de Paris sans cependant la déplacer ? Je ne le crois pas, et les moyens à employer me paraissent d'une simplicité remarquable. J'en indiquerai deux : 1° Accorder à l'école son autonomie ; 2° y envoyer tous les ans de Paris, à l'époque des examens de sortie, une commissson composée d'hommes éminents pour faire passer les examens et inspecter l'école.

Si elle a son autonomie, le directeur correspondra directement avec le ministre, sera en rapport immédiat avec la direction de l'enseignement secondaire, n'aura pas besoin de passer par les intermédiaires obligés de l'inspecteur d'académie de Mâcon et du recteur de Lyon, intermédiaires qui, avec les habitudes de sage lenteur calculée de toutes nos administrations, sont un obstacle à la prompte expédition des affaires.

Si on envoie une commission de Paris, l'isolement de Cluny cesse. Professeurs et élèves savent qu'on s'occupe d'eux ; ils en ont la preuve ; leurs desiderata seront transmis au ministre par des hommes dont la voix sera écoutée ; une noble émulation s'emparera des uns et des autres et les excitera à se surpasser, parce qu'ils sauront que leur travail sera apprécié. L'effort sera plus grand et plus soutenu de part et d'autre, et les résultats aussi seront plus importants.

On a tout lieu de s'étonner que l'administration supérieure qui, à en croire ses discours, est d'un dévouement absolu aux intérêts de cet établissement, n'ait pas songé à ce détail. Ce que je demande n'a rien de nouveau ni d'impraticable. C'est ainsi que procédait M. Duruy. Durant la première année de l'existence de l'École, le ministre recevait tous les jours une lettre du directeur ; il était tenu au courant de tous les détails de l'installation et du travail des élèves. Si l'École eût été à Paris, le ministre n'eût pas été mieux informé.

Il y envoyait tous les ans, deux fois par an, une commission qui comptait dans son sein plusieurs membres de l'Institut, qui y restait de huit à douze jours, interrogeait chaque élève, depuis le premier jusqu'au dernier, se rendait un compte exact de la force des études et en informait le ministre qui d'ailleurs y allait lui-même. Eh ! mes amis, quelle sanction pour tous, maîtres et élèves, que la présence de ces hommes éminents ! A cette sollicitude tout le monde était sensible et les succès ne laissaient pas que d'être très remarquables. Si les ministres de nos jours, absorbés par des préoccupations politiques qui les détournent des affaires intimes de leur ministère, ne peuvent trouver les loisirs nécessaires pour faire le voyage de Cluny, au moins pourraient-ils donner à la direction de l'enseignement secondaire, des ordres formels pour que des délégués y fussent envoyés.

En 1866, alors que Cluny n'était desservi ni par une voie ferrée ni par des fils télégraphiques, avantages qu'il possède aujourd'hui, M. Duruy savait donner à cette école une prospérité incontestable et lui communiquer une impulsion qui se faisait sentir encore trois ans après son départ du ministère. Aujourd'hui l'administration supérieure serait impuissante à obtenir le même résultat ! Ce que M. Duruy a su et pu faire dans des conditions moins favorables, elle ne le pourrait aujourd'hui ! Eh bien ! si elle sent son impuissance qu'elle se retire ; mais surtout qu'elle ne cherche plus à justifier son inertie par des raisons inacceptables pour des esprits sérieux.

CHAPITRE X

Recrutement de l'École.

Comment doit se recruter l'École ? Évidemment par voie de concours. Mais dans quelles conditions? Faut-il admettre à prendre part au concours tous les candidats qui se présenteront, quelles que soient d'ailleurs leurs études antérieures, et s'en rapporter ainsi entièrement et uniquement aux résultats de l'examen d'entrée ? ou bien faut-il exiger d'eux la production de titres, de diplômes, gages d'une certaine instruction générale et d'une certaine somme de connaissances acquises antérieurement ?

Aujourd'hui on s'accorde généralement à admettre qu'il y a utilité à adopter la deuxième hypothèse pour l'entrée dans la plupart des grandes écoles de l'État, sauf pour l'École centrale. Est-ce à tort ou à raison ? J'avoue n'avoir pas mon siége fait ; toutefois, je pense, pour ne pas trop m'écarter de l'opinion généralement admise, qu'il est préférable qu'un candidat à l'école de Cluny justifie, pour prendre part au concours d'entrée, qu'il a fait des études antérieures par la production d'un diplôme qu'il s'agit actuellement de fixer.

On a beaucoup discuté dans ces derniers temps, dans les réunions de la *Société pour l'étude des questions d'enseignement secondaire*, ainsi qu'en témoignent les procès-verbaux publiés par l'*Université*, dans la presse, au sein de la section permanente du conseil supérieur et au conseil supérieur lui-même, sur la question de savoir s'il fallait accorder aux brevetés du degré supérieur de l'enseignement primaire, le droit de se présenter à l'école de Cluny ou s'il fallait restreindre ce droit aux seuls bacheliers classiques et spéciaux.

Puisque j'en suis sur cette question, je veux m'expliquer franchement. A mon avis, la culture générale de la moyenne de nos bacheliers, soit classiques, soit spéciaux, est supérieure à celle de la moyenne des jeunes gens pourvus du brevet supérieur [1]. C'est une vérité dont j'ai pu me convaincre en faisant passer, pendant environ dix ans, les examens du brevet primaire. Mais cette expérience m'a montré d'une façon toute aussi évidente qu'un certain nombre de brevetés supérieurs sont doués d'une réelle intelligence, qu'ils ont l'esprit très ouvert, très éveillé, très alerte, qu'ils ont une assez forte somme de connaissances acquises et qu'ils sont certainement capables et qui, plus est, vivement désireux, d'en acquérir de nouvelles, ce qui est le point capital, quand il s'agit d'entrer dans une école.

Toute la question est donc de savoir quelles sont les catégories de bacheliers et de brevetés supérieurs qui se présentent à Cluny et surtout qui y entrent. Si les renseignements que j'ai pu recueillir

1. Il en a été ainsi, jusqu'à ces dernières années. Aujourd'hui la situation est changée. Les programmes des écoles normales primaires ont été étendus et le personnel enseignant de ces établissements est soigneusement préparé à l'École normale primaire supérieure de Saint-Cloud. La culture générale des élèves des écoles normales primaires est meilleure.

sont exacts, (et j'ai tout lieu de croire qu'ils le sont, parce que je les ai puisés aux meilleures sources), ce serait en général les moins bons des bacheliers et les meilleurs des brevetés supérieurs qui chercheraient à entrer à Cluny. Dans ces conditions je ne suis pas du tout surpris que les candidats munis du brevet supérieur réussissent beaucoup mieux que les autres dans leurs études ultérieures, et voici pourquoi :

D'abord, je tiens à faire remarquer qu'il n'est pas du tout contradictoire d'admettre que la moyenne des bacheliers possède une instruction plus complète, plus élevée que celle des brevetés supérieurs et que, néanmoins, quelques-uns de ces derniers, convenablement choisis, puissent avoir une intelligence supérieure à certains des premiers.

Ensuite de quoi doit-on s'enquérir, lorsqu'un candidat se présente à une école ? C'est surtout de ce qu'il est capable d'apprendre encore plus que de ce qu'il sait actuellement. A ce point de vue, je suis absolument convaincu que les brevetés supérieurs sont dans de meilleures conditions que les bacheliers classiques. Qu'arrive-t-il en effet dans presque tous les examens ? C'est que, parmi les reçus, il y en a, les premiers, qui n'ont pas eu à faire d'effort excessif, qui ne sont ni découragés, ni rebutés par les difficultés, qui se sentent l'intelligence, la force et la volonté de travailler encore, de passer de nouveaux examens, d'acquérir de nouveaux titres et qui sont poussés par le désir de s'élever au-dessus de leurs camarades, de *réussir*, pour me servir d'une expression consacrée par l'usage; les autres, les derniers, ont eu à faire de véritables efforts, ils sont fatigués, haletants, rendus et absolument incapables de continuer à travailler; ils ont atteint leur maximum d'instruction, comme ils ont épuisé leurs forces, et c'est en vain qu'on chercherait à en obtenir un nouvel effort ou à leur faire acquérir de nouvelles connaissances. Ce fait est, je crois, absolument général et s'applique à tous les examens.

Eh bien! prenons les brevetés supérieurs. La première catégorie de ces brevetés, se sentant assez d'intelligence pour arriver plus haut, se dirigera naturellement vers l'École de Cluny, d'autant plus que le brevet supérieur ne donne pas accès à beaucoup de grandes écoles de l'État; les autres brevetés, moins bien doués, ou moins courageux, entreront dans l'enseignement primaire, où, utilisant les connaissances acquises, ils rendront de réels services.

Je prends maintenant les bacheliers ès sciences. Les premiers parmi les reçus, toujours désireux de monter plus haut, penseront naturellement à l'École polytechnique, à l'École normale supérieure, à l'école de Saint-Cyr ou à l'École centrale. Si quelques-uns d'entre eux pensent à l'École de Cluny, ce sera la petite exception, et ce seront les autres bacheliers, ceux qui auront été reçus à grand'peine, par la force des choses, pour ainsi dire, après avoir traîné pendant plusieurs années à la queue de leur classe, qui songeront à Cluny, parce qu'ils ne se sentiront pas l'énergie nécessaire pour faire leurs mathématiques spéciales et qui penseront avoir plus de chances de réussir à un concours qui leur paraîtra plus facile.

Prenons deux candidats à Cluny, l'un breveté supérieur et l'autre bachelier ès sciences ou ès lettres, dans les conditions que je viens d'indiquer. Ils sont reçus tous les deux et les voilà installés à Cluny. Ils sont dans une situation très différente. Le premier, doué d'intelligence, est plein de bonne volonté. Il sent qu'il n'est pas très instruit et qu'on est tenté de le lui rappeler, qu'il a beaucoup à apprendre ; mais il est courageux, plein d'amour-propre et le travail ne l'effraie pas. Sa curiosité est excitée ; puis il comprend qu'il a monté dans la hiérarchie universitaire, qu'il est entré dans l'enseignement secondaire, et lui, fils d'instituteur, fils de cultivateur, fils d'artisan, il mettra son orgueil et son ambition, à s'élever à la hauteur de sa nouvelle position. Nul ne contestera, je pense, que le succès ne soit assuré à une intelligence vive et courageuse.

Le second, le bachelier, arrive sans courage. Ce n'est que par nécessité qu'il s'est résigné à concourir pour Cluny. Dans son enfance n'a-t-il pas entendu son père rêver pour lui l'uniforme de polytechnicien ? Il croit que la fortune lui a été contraire, car il ne lui vient pas à l'idée qu'il est médiocre. Il se croit instruit, presque savant. Il a feuilleté beaucoup de livres. A-t-il besoin de travailler ? Il sait ou il croit savoir, ce qui est la même chose, tout ce que lui enseignent ses nouveaux maîtres. Le travail est bon pour ces instituteurs au milieu desquels il vit et qui ne savent rien. Il n'a aucune inquiétude à concevoir. Il goûte les douceurs du repos, il s'admire, il contemple sa supériorité. « Que les instituteurs travaillent, se dit-il, ils auront de la peine à atteindre le niveau où je suis parvenu. D'ailleurs, au moment voulu, je ferai un effort et je les devan cerai bien vite. » Comme le lièvre du fabuliste, i regarde avec dédain la marche pénible et lente de tortues qui l'entourent. Il ne s'aperçoit pas qu'a bout d'un ou de deux mois, les difficultés de leu marche sont aplanies, que désormais elles on acquis une vitesse plus rapide que la sienne et qu fortifiées par l'effort, encouragées par leur triomphe elles vont d'un mouvement accéléré. Il se décide à partir, mais il est trop tard. Il reste de plus en plu en arrière et n'atteint le but que bien longtemps après elles, si toutefois il l'atteint jamais; car i sera bientôt parmi les derniers de sa promotion et peut être (la chose s'est vue plusieurs fois), se fera-t-il renvoyer pour incapacité.

Peut-être m'objectera-t-on que dans le tableau précédent j'ai tout disposé pour arriver à une conclusion voulue d'avance. Je répondrai simplement que je n'ai pas d'opinion toute faite. Je n'ai donc pu charger le tableau à dessein. Je crois en outre que c'est une de ces questions où l'expérience seule peut conduire à une solution. Depuis vingt ans l'école a reçu tous les ans des brevetés primaires et des bacheliers, quels sont ceux qui ont donné les meilleurs résultats. C'est, on le voit, une simple affaire de statistique.

De statistique complète, je n'en ai pas. Un de mes ex-collègues vient de me remettre une statistique dressée à Cluny même par M. Lougnon, pour les douze premières promotions. Je n'ai pas le temps de contrôler l'exactitude des données qu'elle fournit. Je dirai seulement qu'elle est toute à l'avantage des primaires, et après eux, des diplômés d'enseignement spécial, Quant aux bacheliers classiques, ils sont vraiment écrasés.

J'entends mes contradicteurs, — car j'en ai ou j'en aurai, — s'écrier à l'unisson : « Mais il n'est pas étonnant que, dans ces conditions, les bacheliers aient été les derniers : C'étaient nos fruits secs. Cancres chez nous, cancres ils sont demeurés. Mais si les bons étaient allés à Cluny, vous auriez vu la différence et les brevetés primaires, dont vous faites si grand cas, seraient bel et bien restés aux derniers rangs. Ce qu'il faut retenir de votre récit, c'est que Cluny ne reçoit que nos fruits secs et que c'est une école inférieure. »

Pardon. Entendons-nous. Dans ce qui précède, je me suis borné à exposer ce qui a eu lieu, en général, jusqu'à présent. J'ai voulu constater la direction générale des bacheliers d'élite. Jusqu'à ce jour, en effet, la généralité des bons bacheliers ne s'est pas tournée vers Cluny. Plus loin j'expliquerai pourquoi. Mais il y a eu des exceptions. D'abord il est entré à cette école plusieurs jeunes gens pourvus des deux baccalauréats ès sciences et ès lettres. On ne peut pas dire que ceux-là appartiennent à la catégorie des mauvais élèves. Ils ont dû, pour prendre ces deux baccalauréats, faire preuve d'intelligence ou au moins de travail. Admettre le contraire, ce serait avouer que le baccalauréat est un titre trop facile à obtenir, partant sans valeur. Eh bien ! ces bi-bacheliers se sont laissé devancer par les brevetés primaires.

Ce n'est pas tout. Il est entré à Cluny quelques élèves qui avaient été admissibles à la fois à l'École normale supérieure et à l'École polytechnique.

Peut-on dire que les candidats de cette catégorie soient des inintelligents et des paresseux? Non, n'est-ce pas! Ils ont de la valeur. Ils ont fait leurs mathématiques spéciales et assez bien pour tenter avec un demi-succès de prendre part au concours d'entrée à nos deux premières écoles de l'État. Ces élèves, me direz-vous, ont occupé le premier rang. Pas du tout. Ils étaient les premiers au début; mais déjà à la fin de la première année, ils ne l'étaient plus, et c'étaient les brevetés primaires qui leur avaient damé le pion.

Vous ne pouvez donc conclure que l'École de de Cluny soit une école inférieure où se réfugient seulement les épaves de l'enseignement classique. Vous pouvez tirer de tout ce que j'ai dit, la conclusion que, jusqu'à présent, les bacheliers d'élite ne se sont pas en général portés vers Cluny; mais voilà tout. Il ne s'ensuit nullement qu'il n'y ait pas eu quelques bacheliers d'élite. et comme ils se sont laissé devancer par les brevetés primaires, ce sont ces derniers qui ont constitué l'élite à l'École. Or, pour les douze premières promotions, le nombre des brevetés primaires a été de 374, et celui des bacheliers et bi-bacheliers de 68. Donc l'élément solide et sérieux n'a pas fait défaut. Si les mauvais bacheliers avaient tenu la tête des promotions, je vous donnerais raison. Avec vous, je dirais : « L'École de Cluny est inférieure aux autres écoles de l'État. » Mais des documents que j'ai sous les yeux et que j'ai pu contrôler, il résulte que des 68 bacheliers entrés à Cluny en douze ans, 22 sont sortis fruits secs, soit qu'ils aient été renvoyés pour incapacité avant la fin des études, soit qu'ils aient échoué à l'examen de sortie. Les autres ont été reçus, quelques-uns dans les derniers rangs et peu dans les premiers. Il faut déduire de là que l'élément primaire est sérieux et qu'il faut l'admettre à concourir pour l'École ; mais nullement que l'École est inférieure et que les études n'y sont pas élevées.

Autre preuve de ce que je viens d'avancer. Si je n'ai pu contrôler, faute de temps, toutes les données de la statistique de M. Lougnon, au moins ai-je pu en contrôler quelques-unes. Elles sont on ne peut plus honorables pour les brevetés primaires. Jugez-en :

Actuellement, on compte parmi les professeurs des lycées de Paris, treize élèves sortis de l'école de Cluny, dont dix professeurs d'enseignement spécial et trois professeurs d'enseignement classique. Sur ces treize professeurs, dix sont entrés à l'école de Cluny munis du brevet primaire, deux, du diplôme de fin d'études de l'enseignement spécial, un, du baccalauréat ès sciences.

Des trois qui sont dans l'enseignement classique, deux sont agrégés de langues vivantes, le bachelier ès sciences et un breveté primaire; l'autre, l'un des deux qui étaient pourvus du diplôme de fin d'études de l'enseignement spécial, est agrégé d'enseignement spécial, agrégé de l'enseignement classique et docteur ès sciences. Parmi les dix autres, un possède à la fois l'agrégation d'enseignement spécial et l'agrégation de mathématiques de l'enseignement classique. Bien que pourvu d'une agrégation classique, il a voulu rester professeur d'enseignement spécial. Enfin les neuf autres ont l'agrégation d'enseignement spécial.

Ces détails sont d'une grande aridité et peu intéressants pour le commun des mortels. Je les donne quand même, tenant à prouver que je ne parle pas en l'air. On peut aller aux informations, on peut vérifier et on trouvera que mes assertions sont d'une exactitude mathématique. Cela dit, il me semble que les chiffres donnés plus haut peuvent se passer de commentaires. L'administration supérieure n'a certainement pas appelé à Paris les plus médiocres professeurs. A la rigueur, elle aurait pu se dispenser d'y nommer des agrégés d'enseignement spécial. Elle aurait trouvé des agrégés classiques qui, malgré leur hostilité à l'égard de l'enseignement spécial, se seraient volontiers, pour aller à Paris, résignés à accepter des cours dans cet ordre d'études. Bien plus, elle avait des agrégés d'enseignement spécial pourvus de la licence classique. Elle aurait aussi pu les appeler à Paris. Aurait-elle agi autrement par affection pour les élèves de Cluny? Je ne le sais. Si j'en croyais les mauvaises langues, je serais plutôt porté à croire que la direction de l'enseignement secondaire n'a pas pour eux une tendresse bien accentuée. Mais les mauvaises langues sont si méchantes! Je ne puis les croire, surtout quand je vois M. le Directeur de l'enseignement secondaire distribuer les chaires de Paris à des élèves de Cluny. J'aime mieux penser qu'il s'est montré juste et que s'il les a choisis, alors qu'il pouvait en prendre d'autres, c'est qu'ils le méritaient. Eh bien! voyez la fatalité! Sur ces treize professeurs de Paris, un seul était bachelier à son entrée à l'École et dix étaient brevetés primaires. Trouvez-vous que ces derniers tiennent la tête, oui ou non? Cet exemple prouve surabondamment que les élèves de Cluny, venus de l'enseignement primaire, ont donné de très bons résultats et qu'il n'existe aucune raison plausible pour priver l'École de cet élément de succès, au contraire.

J'ajouterai, qu'en permettant aux brevetés primaires de concourir pour entrer à l'École de Cluny, on fait œuvre démocratique, libérale, équitable. C'est un moyen de faciliter l'accès de l'enseignement secondaire aux meilleurs élèves des écoles normales primaires, à tous ceux qui sont intelligents, courageux et énergiques et qui n'ont eu qu'un tort, celui d'être nés à la campage ou d'avoir été privés en temps utile d'un bon conseil. Ce n'est pas une faveur qu'on leur accorde. Ils ont prouvé qu'ils étaient dignes du droit de cité. Avant qu'ils eussent fait leurs preuves, M. Duruy le leur avait accordé. Pendant vingt ans, ils ont constamment montré que ce ministre n'avait pas en vain placé sa confiance en eux. Et ce serait, après cette expérience, que le gouvernement de la République leur refuserait le droit de cité qu'un ministre de l'empire leur avait accordé ! Ce ne serait pas seulement se montrer inique, mais illogique. En effet, les brevetés primaires ont mieux réussi que les bacheliers même bons, alors que l'enseignement des écoles normales primaires était d'une faiblesse étonnante. Aujourd'hui on a fortifié et étendu cet enseignement. On a donné aux élèves-maîtres des professeurs soigneusement préparés à l'École de Saint-Cloud. Et ce serait juste au moment où ces élèves sont mieux préparés et que leur instruction est infiniment supérieure, qu'un ministre républicain viendrait leur dire : « Il y a quinze ans, vous ne receviez dans nos écoles normales qu'une instruction très incomplète. Nous vous avons permis alors d'aller à Cluny. Vous avez obtenu des résultats qui dépassaient de beaucoup nos espérances. Aujourd'hui, nous vous donnons dans nos écoles normales une instruction bien plus complète, une vraie culture générale. Vous êtes infiniment supérieurs à ce que vous étiez il y a quinze ans. Néanmoins vous ne vous présenterez plus à l'École de Cluny où vous ne sauriez donner que des résultats médiocres. »

Ce n'est pas encore tout. Tous les professeurs de l'enseignement classique, les professeurs de Faculté, les recteurs sont d'accord pour reconnaître qu'aujourd'hui le baccalauréat n'est plus au niveau où il était il y quinze ans, que les études classiques ont baissé. Et ce serait au moment où les classiques font cet aveu douloureux qu'ils viendraient tenir le langage suivant : « Alors que le baccalauréat était à un niveau élevé, vous, brevetés supérieurs, vous aviez un titre dérisoire et quand même, vous triomphiez de nous. Aujourd'hui votre titre est sérieux, difficile à obtenir; le nôtre a perdu de sa valeur. Vous vous êtes élevés, nous sommes descendus; vous vous êtes fortifiés, nous, affaiblis; vous êtes devenus vigoureux, nous, anémiques; néanmoins nous vous refusons le droit de venir vous mesurer avec nous dans l'arène du travail. Nous vous écraserions sans peine, sans effort, et comme « à vaincre sans péril on triomphe sans gloire » et que nous voulons triompher avec gloire, nous ne voulons lutter qu'avec des athlètes de notre force. »

Ce serait le comble du ridicule que de raisonner ainsi et cependant voilà le langage que tiennent les classiques tous les jours; tel est le langage de certains journaux où écrivent des universitaires, tels sont les propos que tiennent des classiques dans les réunions de la *Société pour l'étude des questions d'enseignement secondaire*. Moi classique, je rougis presque de voir mes collègues si faibles en logique. Je suis tenté de les engager à recommencer leurs études.

Et d'ailleurs quel inconvénient y a-t-il à continuer le système de recrutement inauguré par M. Duruy? Je n'en vois aucun. Quelques esprits pensent que le prestige de l'École serait atteint, par ce qu'un certain nombre de ses élèves viendraient de l'enseignement primaire. Tel n'est pas mon avis. Est-ce que nous n'avons pas tous commencé par l'instruction primaire? Qu'on ait débuté dans un lycée ou dans une école de village, on n'en a pas moins commencé par acquérir l'instruction primaire. J'ajouterai même que je préfère de beaucoup l'instruction primaire donnée dans une école primaire que celle donnée au lycée. J'ai pu me convaincre que l'instruction primaire du lycée est franchement mauvaise et que, neuf fois sur dix, celle d'une école primaire est bien comprise, donnée avec plus de soin et aussi avec plus de zèle. Je pourrais en donner le motif; mais cela n'entre pas dans mon sujet. Il me suffit de constater le fait.

Je pense que lorsqu'un candidat a subi avec succès les épreuves du concours d'entrée à une école, il faut lui demander d'en suivre les cours avec fruit, de tirer bon parti de ce qu'on lui enseigne et non lui reprocher son origine. Qu'importe d'où il vienne, pourvu qu'il soit un bon sujet, un brillant élève. Si, venu de bas, il s'élève aux premiers rangs, il n'en a que plus de mérite, et il faut le louer, au lieu de l'humilier.

Encore une fois je pense qu'on peut continuer à autoriser les brevetés primaires supérieurs à prendre part au concours d'entrée à l'École de Cluny concurremment avec les bacheliers de tout ordre. J'irai même plus loin et je dirai qu'on le doit : c'est pour l'enseignement spécial une question de prospérité. Je m'explique. Admettre les brevetés supérieurs à Cluny c'est le bon et peut-être l'unique moyen de conserver à l'enseignement spécial le caractère qu'il doit avoir, une méthode vraiment large, nouvelle et souple. Le professeur classique, en général, je suis bien fâché de le dire, mais c'est la vérité, est profondément routinier. En faisant ses études, il a étudié d'une certaine façon ; il a eu sept, huit, dix professeurs différents qui ont tous employé les mêmes procédés. Son esprit a pris un pli, un seul. Il n'en est jamais sorti. Devenu professeur, ce classique a ses habitudes d'esprit fortement enracinées. Il ne peut s'en défaire. Il n'y songe même pas. Comment y songerait-il ? il n'en connaît pas d'autres. Comme il a toujours vu faire, il fait lui-même. Il ne soupçonne pas qu'en dehors de la sphère où il se meut autre chose puisse exister.

L'esprit du breveté primaire n'a pas contracté ces habitudes. Il a changé de méthode en changeant de maîtres et à un âge où la souplesse est le caractère dominant, où l'esprit est malléable et où tout y laisse une empreinte. Arrivé à Cluny, il n'aura pas de peine à adopter une nouvelle méthode et à se l'assimiler, sans cependant laisser s'effacer de son cerveau les premières empreintes qui y avaient été gravées. Il n'aura pas, pour les différentes méthodes et pour les méthodes nouvelles, cet esprit de répulsion dédaigneuse qu'affichent les classiques. Devenu professeur, il aura plusieurs cordes à son arc. Il sentira le besoin d'une méthode; mais il n'aura de préférence pour aucune et les emploiera selon le besoin avec un égal succès. Il en sera de même pour le bachelier d'enseignement spécial et pour les mêmes motifs. Je persiste à croire, jusqu'à preuve du contraire, que les bacheliers spéciaux et les brevetés primaires sont les candidats qui ont le plus de chance de faire réussir l'enseignement spécial et de faire prospérer l'École de Cluny.

Mais je demande instamment (et je suis, je le sais, d'accord sur ce point avec les professeurs d'enseignement spécial sortis de Cluny) qu'on change le programme d'admission à l'École. Actuellement l'examen d'entrée porte sur les *parties communes*, au baccalauréat ès sciences, au baccalauréat d'enseignement spécial, au baccalauréat ès lettres et au brevet supérieur de l'enseignement primaire. C'est un grand tort, à mon avis, d'avoir restreint cet examen. Je ne puis que m'élever de toutes mes forces contre l'étroitesse d'esprit qui a présidé à la rédaction de l'arrêté limitant les matières du programme, au lieu de les étendre. C'est aller contre l'esprit de l'institution elle-même.

C'est méconnaître le principe qui a guidé le conseil supérieur de l'instruction publique, quand il a rétabli en 1884, le droit des brevetés primaires à se présenter au concours d'entrée à l'École. Le conseil supérieur n'a pas voulu et n'a pu vouloir qu'on abaissât l'examen, qu'on le rendît plus facile. Il a voulu seulement conférer un droit de prendre part au concours d'entrée, rien de plus.

Eh quoi! de ce qu'on peut sans inconvénient autoriser les brevetés primaires à prendre part au concours, s'ensuit-il qu'il faille mettre l'examen au niveau de leurs connaissances primaires? Ne faut-il pas au contraire élever leurs connaissances au niveau de l'examen? Que faut-il alors? Il faut que l'examen d'entrée porte sur un programme spécial, rédigé *ad hoc*, bien déterminé, bien précis, et auquel tous les candidats, sans distinction d'origine, seront tenus de satisfaire. Si les brevetés primaires ne sont pas capables de satisfaire aux exigences de ce programme, ils travailleront pour acquérir les connaissances qui leur manquent et ne se présenteront que quand ils seront prêts ou ne se présenteront pas. Mais cette dernière hypothèse, je ne la redoute pas. Les brevetés primaires intelligents sont taillés pour avoir le courage de ne pas abandonner la partie, de ne pas reculer devant des difficultés qu'un peu de bonne volonté et d'énergie peuvent faire surmonter.

Mais l'administration supérieure est donc née de ce matin? Elle ignore donc ce qui se passe autour d'elle? Ce que je demande est donc quelque chose de bien nouveau? Je ne le pense pas. Prenez, par exemple, l'École polytechnique. Que voyez-vous? Que pour prendre part au concours d'entrée à cet établissement, les candidats doivent être bacheliers ès sciences. Cette condition est nécessaire; mais elle n'est pas suffisante. Ils doivent en outre connaître les matières comprises dans un programme plus élevé que celui du baccalauréat ès sciences et publié tous les ans. Pourquoi, pour l'entrée à Cluny, ne considérerait-on pas le brevet supérieur comme une condition nécessaire, mais non suffisante ? Pourquoi n'imposerait-on pas aux candidats de satisfaire en outre aux exigences d'un examen élevé dont le programme serait nettement déterminé et connu d'eux ? Pourquoi enfin ne pas procéder pour Cluny comme on procède pour l'École polytechnique ou autre ? En vérité, je suis obligé de constater une fois de plus, que tout ce qui est simple, logique, rationnel a peu de chance d'être appliqué à l'enseignement spécial.

L'administration supérieure agirait-elle ainsi pour se ménager un prétexte de s'élever contre l'insuffisance des professeurs sortis de Cluny ? D'aucuns le prétendent. Je suis convaincu qu'ils médisent de l'administration et je refuse de m'arrêter à cette hypothèse. L'exemple que j'ai déjà cité des chaires données à Paris à d'anciens élèves de Cluny, me prouve qu'elle sait reconnaître et apprécier leur mérite. Je suis persuadé qu'elle trouverait indigne d'elle la conduite qui consisterait à leur refuser les moyens de s'instruire pour se donner ensuite le malin plaisir de leur reprocher leur ignorance. Mais alors comment expliquer sa conduite ? Je laisse à de plus pénétrants que moi le soin de le faire.

CHAPITRE XI

Organisation des études à l'École normale d'enseignement spécial.

Que devrait-on enseigner à l'École de Cluny? La réponse est facile. La mission de l'École étant de former des professeurs pour l'enseignement spécial, on devrait viser à ce que les élèves qui en sortent y eussent appris, dans leurs lignes essentielles et même un peu approfondies, les matières qu'ils seront chargés d'enseigner eux-mêmes à des enfants. C'est une vérité si simple et si évidente que je ne crois pas avoir besoin d'insister davantage sur ce point.

Mais dans quel esprit devrait être donné cet enseignement? J'ai déjà indiqué comment je conçois l'enseignement d'une école dont le but unique est de préparer des professeurs. Il devrait comprendre deux parties qui, bien que distinctes, concourent à former un homme instruit et capable de transmettre ses connaissances aux autres. J'appellerai la première, la partie *théorique*, la seconde, la partie *professionnelle*.

Je voudrais que la durée du séjour des élèves à l'école fût de trois ans, pour tous, sauf pour ceux qui seraient reconnus inhabiles à profiter de l'enseignement, et qu'on renverrait. Cela dit, voici comment je comprendrais l'organisation des études.

Les deux premières années seraient consacrées à donner l'instruction aux élèves, à leur faire acquérir les connaissances qui font le professeur instruit. Les professeurs feraient des cours théoriques. Leur enseignement serait élevé, méthodique et clair, comme doit l'être tout enseignement, si l'on veut qu'il soit profitable à ceux qui le reçoivent.

Pour s'assurer que leur enseignement est compris, ils feraient aux élèves des interrogations sur les matières traitées dans le cours, et leur donneraient des travaux écrits qui, autant que possible, porteraient sur les parties importantes du cours, afin de les contraindre, par un travail personnel, à approfondir ces questions et à saisir les rapports intimes qui existent entre elles. Ces interrogations n'auraient pas lieu en classe, parce que, dans ce cas, il n'y a que l'élève interrogé qui profite de l'interrogation. Les autres perdent leur temps ou à peu près. J'établirais des interrogations ou examens hebdomadaires faits, pour chaque faculté, par le professeur lui-même, afin de lui fournir le moyen de s'assurer du travail et des progrès de ses élèves et de faire connaissance avec eux. Ces interrogations dureraient, pour chaque élève, un quart d'heure ou vingt minutes. Elles auraient, outre l'avantage de permettre au professeur de constater que ses leçons ont été comprises, celui d'exercer l'élève à la parole, de l'habituer à exposer ses idées brièvement, clairement et méthodiquement et de le tenir en éveil; car je voudrais que les notes données fussent affichées dans l'école pour être connues de tous les élèves et de tous les professeurs, et qu'il en fût tenu compte à l'examen de passage de la première à la deuxième année, et même dans une certaine mesure à l'examen de sortie.

Pour les facultés où des expériences seraient nécessaires, comme pour la physique et la chimie j'établirais des manipulations en quantité suffisante pour que les élèves fussent toujours en état de contrôler les données de la théorie, de vérifier les lois de la science par l'expérimentation ; pour l'histoire naturelle et la géologie, on ferait des excursions ; pour l'étude de la mécanique, on visiterait des usines pour voir fonctionner les machines et en saisir le jeu. Je voudrais à l'École même des collections importantes de zoologie, de botanique, de géologie et de minéralogie, un jardin de plantes usuelles; des organes de machines et des machines entières disposées pour l'étude de la mécanique; du dessin de machines; un laboratoire bien outillé pour les manipulations. Je voudrais en un mot que l'enseignement théorique, purement abstrait, passât, toutes les fois qu'il serait possible, du domaine de l'abstraction pure dans celui de l'expérimentation, pour que cette expérimentation rendît sensible, visible, tangible, pour ainsi dire, ce qui n'aurait d'abord reposé que sur le raisonnement. Je ne sache rien qui excite davantage la curiosité, qui éveille plus l'esprit, le rende plus alerte, plus actif, plus observateur, plus investigateur, plus méticuleux et plus méthodique que ce contrôle permanent des données théoriques par l'observation sensible.

Pour la section littéraire, il y aurait des cours de langue et de littérature françaises, un cours d'histoire des littératures étrangères, un cours d'histoire des littératures grecque et latine, des cours d'histoire, de géographie, de philosophie, de législation usuelle et commerciale et d'économie politique.

L'esprit dans lequel serait donné l'enseignement de la littérature est nettement indiqué dans les programes de 1882, qui eux-mêmes ne sont que la copie de ceux de 1866, esprit et méthode qui sont tout à fait conformes aux desidérata formulés par M. Bigot dans le livre dont je me suis déjà occupé.

Quant à l'histoire, je la voudrais enseignée surtout au triple point de vue politique, social et économique. On remarquera que j'emploie les termes mêmes dont vient de se servir M. le directeur de l'enseignement secondaire dans un rapport adressé au ministre. M. le directeur de l'enseignement secondaire les a empruntés aux programmes de 1866. Ce n'est donc pas une conception nouvelle de l'enseignement de l'histoire.

L'enseignement géographique porterait surtout sur la géographie physique et économique, sans négliger toutefois la géographie politique.

L'enseignement de la philosophie serait surtout historique.

Je ne voudrais pas qu'on négligeât l'enseignement de la législation usuelle et commerciale pas plus que celui de l'économie politique. J'ai souvent entendu contester l'utilité de cet enseignement à l'École de Cluny. Quelques-uns pensent que cet enseignement devrait, dans chaque lycée et collége, être confié à un avocat de la ville, et que l'école ne devrait point former des professeurs pour cette spécialité. C'est la voie qu'on a généralement suivie jusqu'à présent. Je ne partage pas cette manière de voir ni de procéder. Je ne dis pas qu'un avocat ne possède pas la science voulue pour donner cet enseignement fort convenablement; mais ce que je prétends, c'est qu'en général la législation est très mal enseignée aux élèves des cours spéciaux, parce que le professeur ne se pénètre pas assez de ce qui convient aux enfants qui suivent ces cours.

On ne doit pas se proposer d'en « faire d'habiles légistes capables de résoudre les cas les plus compliqués. Il s'agit seulement de donner aux élèves des idées générales sur notre organisation judiciaire et administrative, de leur expliquer les principes fondamentaux de notre droit civil, de leur apprendre à rédiger certaines formules qu'il est utile à chacun de connaître, et surtout de leur indiquer les sources auxquelles ils doivent puiser les renseignements dont ils peuvent avoir besoin dans les circonstances imprévues », de leur définir les expressions techniques les plus ordinaires et qui se présentent à chaque instant dans la langue du droit. Il faut surtout leur indiquer « les formalités à remplir dans les différentes situations où chacun peut se trouver »; mais point n'est besoin de « formuler des systèmes, d'imaginer des difficultés juridiques, de critiquer des théories. » Cet enseignement doit être surtout pratique. Le même esprit doit présider à l'enseignement de l'économie politique.

Eh bien, j'ai le regret de le dire, ce n'est point dans cet esprit qu'il est généralement donné. Les avocats, qui sont chargés de cet enseignement, ne se mettent pas assez à la portée de l'intelligence des élèves et ne se pénètrent pas assez du but à atteindre. Peut-être ne faut-il pas trop leur en vouloir. On a beau être un homme distingué, on ne s'impr ise pas professeur du jour au lendemain. L'avocat a fait son droit dans un but tout autre que celui que l'on poursuit dans l'enseignement spécial. Aussi, placé dans sa chaire, s'imagine-t-il être en présence d'étudiants en droit, et traite-t-il les questions de législation et d'économie politique comme il les traiterait s'il était place du Panthéon. Habitué à faire la phrase, il s'étudie à arrondir des périodes, se sert d'expressions techniques comme si elles étaient connues des élèves, alors qu'il faudrait les leur expliquer avec soin, s'étend sur des questions qu'il ne faudrait qu'effleurer, passe très rapidement sur d'autres qui demanderaient quelques détails, et se figure qu'il a *renversé* les élèves par sa science, quand il leur a déclamé quelques phrases fort bien tournées, sans doute, mais qu'ils n'ont pas comprises.

Tels sont les reproches que j'ai souvent ouï faire à leur enseignement. Ainsi entendu, il ne peut être d'aucune utilité. Le temps qu'on y consacre est un temps perdu. Je voudrais qu'à l'école de Cluny cet enseignement fût donné aux élèves suivant l'esprit pratique que j'ai indiqué plus haut, et que les élèves de cette école, une fois professeurs, en fussent chargés dans les lycées et les colléges. M. Duruy avait ainsi agi, et il avait su attirer à l'École un professeur véritablement remarquable qui aujourd'hui, paraît-il, occupe une place élevée dans l'administration universitaire.

Enfin, je voudrais à l'école de Cluny une section de langues vivantes. M. Duruy l'y avait établie. Je connais d'anciens élèves de cette section qui sont des professeurs véritablement distingués. J'ai déjà expliqué comment M. Duruy l'avait organisée. Pendant deux ans, les élèves de cette section étudiaient l'allemand ou l'anglais. Au bout de ce temps, ils subissaient à l'École un examen devant des examinateurs venus de Paris. Réussissaient-ils, ils allaient en Angleterre ou en Allemagne pendant une année. Ce séjour à l'étranger coûtait peu ou même ne coûtait rien à l'État. En effet, le montant de la bourse à l'école était de 800 francs par an. Les élèves qui allaient à l'étranger recevaient cette somme. Étaient-ils boursiers de l'État, c'était lui qui la leur donnait. S'ils étaient boursiers de département, c'était le département qui la leur donnait. Après cette année de séjour à l'étranger, ils passaient à Paris, à la Sorbonne, l'examen du certificat d'aptitude à l'enseignement des langues vivantes.

La section des langues vivantes ne fut créée à l'École qu'en 1867. Je ne sais pas le nombre des élèves qu'elle a comptés. Ce que je sais, c'est qu'elle n'a jamais été bien nombreuse; ce que je sais encore, c'est que l'administration supérieure, toujours soucieuse à sa façon d'assurer la prospérité de l'École, a laissé, probablement par oubli, vacante pendant trois années consécutives, la chaire d'anglais, quoi qu'elle admît des élèves pour cette section. Que faisaient ces élèves une fois arrivés à l'École? ils attendaient pendant deux ou trois mois un professeur que la direction leur promettait tous les matins, puis, ne le voyant point paraître, ils entraient dans une autre section ou ils quittaient l'École. Eh bien! malgré ces procédés administratifs, que j'éviterai d'apprécier, la section des langues vivantes a eu des résultats. Ses élèves n'ont commencé à se présenter à l'examen du certificat d'aptitude qu'en 1871, puisqu'en 1870 l'examen n'a pas eu lieu. Ils ont, jusqu'à ce jour, obtenu en Sorbonne 23 certificats d'aptitude pour l'allemand et 21 pour l'anglais ; en outre, 10 ont été reçus à l'agrégation, soit d'anglais, soit d'allemand, et deux fois ils ont obtenu la place de premiers.

Serait-ce parce que le jury d'examen les aurait favorisés? Qu'on en juge : voici une preuve de sa haute bienveillance. M. Duruy, en créant la section des langues vivantes, avait pris un arrêté autorisant les élèves de l'école, munis du brevet primaire supérieur, à se présenter aux examens du certificat d'aptitude. Pour prendre part au concours d'agrégation, il faut être pourvu de ce certificat. Il n'y a pas d'autre condition. Les anciens élèves de l'École, en possession de ce certificat, voulurent concourir pour l'agrégation. On les laissa s'inscrire; on les laissa même venir à Paris pour faire les compositions écrites. Là ils trouvèrent un président du jury d'agrégation qui ne voulut pas les laisser composer, sous prétexte qu'ils n'étaient pas bacheliers. Ils eurent beau invoquer le texte du règlement, s'adresser à l'administration supérieure pour le faire observer, peine perdue. L'administration supérieure ne trouva pas un mot à dire pour rappeler ce président du jury au respect du règlement, et tant qu'il vécut aucun ancien élève de Cluny, non bachelier, mais pourvu du certificat d'aptitude, ne put concourir. Après la mort de ce terrible cerbère, ses successeurs observèrent les règlements en vigueur, les anciens élèves de Cluny purent concourir et furent reçus, quand ils le méritèrent. Voilà un fait qui témoigne en faveur de l'énergique protection de l'administration supérieure et de la haute bienveillance du jury d'agrégation d'il y a douze ans, à l'égard des élèves de l'École de Cluny. Il ne fait de doute pour personne que si, en dépit de cette malveillance, les élèves ont obtenu ces résultats, ils en auraient obtenu de tout autres, si administration et jury s'étaient montrés non pas bienveillants, mais justes.

Je voudrais encore à l'École de Cluny un cours de *latin* pour les élèves de la *section des lettres*. Mais je tiens à ce qu'on ne se méprenne point sur ma pensée. Il ne s'agirait point de faire des humanistes, mais seulement de familiariser les élèves avec les éléments de la langue latine, en insistant sur ses rapports avec la langue française, de remonter aux origines de notre langue, de chercher dans le latin la plupart de nos racines et les lois par lesquelles l'usage a peu à peu usé les suffixes ou contracté les radicaux. Ce cours serait fait d'après une méthode essentiellement différente de la méthode suivie dans nos lycées et collèges. Fait avec soin à des jeunes gens de vingt ans, qui connaissent déjà la langue française, la littérature française dans ses grandes lignes, qui sont intelligents, actifs, studieux, avides de s'instruire, il produirait des résultats excellents, et formerait des professeurs de français qui, je ne crains pas de l'affirmer (connaissant les habitudes d'esprit de nos professeurs classiques), seraient bien supérieurs à nos licenciés. Je consacrerais à cette étude quatre heures par semaine, et je suis absolument convaincu qu'au bout de trois ans, les élèves de l'École de Cluny auraient une intelligence de la langue latine infiniment supérieure à celle de nos meilleurs bacheliers ès lettres. Ils ne seraient pas seulement aptes à expliquer un texte facile, mais Virgile, Horace, Tite-Live, Cicéron, Tacite, ne les effraieraient pas.

Je sais que mon affirmation fera dédaigneusement sourire quelques fanatiques latinistes, mais peu m'importe. Qu'au lieu de sourire, on tente l'expérience, et en présence du résultat obtenu à courte échéance, on verra qui rira le dernier. Ne s'est-on pas montré assez sceptique au sujet des langues vivantes? Aujourd'hui les résultats sont là. Il n'est pas possible de se montrer dédaigneux.

J'en parle d'après mon expérience personnelle, par les résultats que j'ai obtenus moi-même avec quelques jeunes gens à qui j'ai appris le latin dans des conditions semblables. Je puis affirmer qu'autre chose est d'avoir affaire à des enfants de dix à quinze ans, qui ne connaissent ni la langue française ni la langue latine, et dont l'amour du travail n'est pas toujours très prononcé, et autre chose est de s'adresser à des jeunes gens de vingt ans, possédant déjà une instruction développée, ayant l'habitude et le goût du travail, l'esprit ouvert, curieux, et travaillant en vue de leur avenir.

D'ailleurs suis-je le seul à penser que des jeunes gens comme les élèves de Cluny peuvent acquérir une connaissance suffisante du latin en trois ans avec quatre heures par semaine? Pas du tout. Je lis dans l'*Université* du 25 mars 1884 (page 96) la discussion qui eut lieu dans la séance du 15 mars du groupe de l'enseignement spécial. Je trouve la déclaration suivante de M. Bréal : « *D'anciens élèves de l'enseignement primaire peuvent apprendre suffisamment de latin en trois ans avec quatre heures par semaine.* » Personne, je suppose, ne contestera la compétence de M. Bréal en cette matière.

Tel serait l'enseignement de l'École de Cluny pendant les deux premières années.

Après deux années d'études sérieuses, au mois de juillet, les élèves passeraient un examen à la suite duquel ceux qui auraient réussi obtiendraient un titre qui s'appellerait licence de l'enseignement spécial, et qui leur conférerait dans les lycées la qualité de chargés de cours. Ceux qui échoueraient au mois de juillet auraient la faculté de se représenter au mois d'octobre suivant. S'ils échouaient encore, ils seraient obligés de quitter l'École. Pour tous ceux qui auraient obtenu la licence d'enseignement spécial, une troisième année à l'École pour y préparer l'agrégation serait obligatoire. Comme l'agrégation est ou devrait être une épreuve surtout professionnelle, je consacrerais cette troisième année, tout en approfondissant certaines questions importantes, à former le professeur, à exercer les élèves au métier. Pendant trois mois, je voudrais que tous les deux jours un ou deux élèves, à tour de rôle, fissent devant leurs condisciples et leur professeur, une leçon de trois quarts d'heure sur un sujet tiré au sort vingt-quatre heures à l'avance. Une fois la leçon finie, je voudrais que pendant trois quarts d'heure ou une demi-heure la parole fût donnée aux auditeurs pour faire une critique raisonnée de cette leçon, et à l'orateur pour justifier sa manière de faire, enfin que le professeur terminât la séance par une appréciation de ce qu'il viendrait d'entendre.

Pendant les six derniers mois de l'année, tout en continuant les séances précédentes, au moins deux fois par semaine, je confierais à chacun des élèves de l'école une division d'élèves de collége, et sous la direction de leurs professeurs, je les laisserais responsables de l'enseignement.

Vous allez m'objecter que je présente une combinaison tout utopique. Rien n'est moins exact. Je n'invente rien. C'est le plan qu'avait adopté M. Duruy; et, pour la partie professionnelle, il avait créé à côté de l'École un collège d'enseignement spécial dont les élèves de troisième année de l'école étaient les professeurs. Le collége, vers 1869 et 1870, n'avait presque que les élèves de l'École pour professeurs. Il était des plus florissants. Ouvert en 1866, il comptait, trois ans après sa fondation, cinq cents élèves, dont les succès aux concours académique et général rendaient jaloux tous les lycées et colléges de l'académie de Lyon. A lui seul il accaparait les deux tiers des nominations au concours académique et obtenait jusqu'à quarante nominations au concours général. Il n'y a donc qu'à revenir à l'organisation primitive de M. Duruy. Interrogations ou examens hebdomadaires d'un quart d'heure par semaine pour chaque élève, excursions botaniques et géologiques, dissections, visites aux usines, opérations de nivellement et levés des plans, dessins de machines, manipulations de physique et de chimie, leçons faites par les élèves devant leurs condisciples et leurs professeurs, cours au collége, tout était réglé avec un soin méticuleux et jaloux.

C'était une organisation étudiée et adoptée par un universitaire qui connaissait les exigences du métier de professeur, qui savait tout combiner pour faire de l'élève un homme instruit et à la fois façonné à la profession. Il n'y a donc pas sur ce point à innover. Il n'y a qu'à refaire ce qui a été fait déjà, et que l'administration n'aurait jamais dû cesser de faire.

CHAPITRE XII

Personnel enseignant de l'École.

Les professeurs que je voudrais voir chargés de l'enseignement à une école comme celle de Cluny, dont le but, ai-je dit, est de former des maîtres pour enseigner dans les lycées, ne seraient point des savants dans l'acception vraie du mot, sans toutefois les exclure, s'ils s'offraient. Je préférerais y voir des hommes dévoués à la cause de l'enseignement spécial, le connaissant bien, pénétrés de son importance sociale et intellectuelle, et de son rôle à la fois éducateur et rationnellement pratique, sans être professionnel ; des professeurs instruits, comme on en trouve plus qu'on ne pense dans les lycées de province, d'un esprit actif, aimant l'étude et le travail, préférant le calme d'une solitude relative aux agitations bruyantes et fiévreuses des grandes villes. Ces hommes ne sont pas aussi difficiles à découvrir que quelques-uns le prétendent. Avec le savoir, l'amour du travail, le sentiment net de la mission qui leur serait confiée et le dévouement à l'enseignement spécial, ces hommes feraient plus et mieux que des savants éminents, absorbés par des travaux personnels dont les détournerait l'enseignement proprement dit. Je suis sûr d'être compris de ceux qui ne sont point de parti pris, et cela me suffit. Quant à ceux que la passion aveugle, mais à qui font défaut les convictions réfléchies, je n'essaierai pas de les convaincre. Ce serait peine perdue. Nul ne saurait se flatter de se mettre d'accord avec des gens non convaincus et qui ne veulent point l'être. Ce que je voudrais donc à Cluny, ce seraient des professeurs instruits et dévoués : tout est là. Le dévouement mis au service de l'instruction accomplit des prodiges.

Je n'ai jamais pu comprendre l'administration supérieure. Vous me direz qu'il serait fort difficile de la comprendre.

Pour moi, les professeurs qui m'auraient paru les plus aptes à posséder — avec la connaissance de l'enseignement spécial, de ses méthodes, de son caractère, de son objet, de son but, de son rôle et de son importance — ce feu sacré, cette passion, cette foi qui font vaincre les difficultés et donnent le courage et la force de renverser les obstacles, auraient été les anciens élèves de l'École qui l'auraient servie et défendue avec l'ardeur opiniâtre et indignée qu'un bon fils met toujours à défendre une digne mère lâchement attaquée et odieusement injuriée. Eh bien ! ce sont ceux-là qu'on a oubliés.

Dès 1870, l'administration daigna nommer professeur à l'École un élève qui venait d'en sortir ; dès 1877 ou 1878, elle en nomma un second, et c'est tout. Il paraît que, depuis, elle a mis un soin jaloux à éviter toute nomination d'ancien élève ; pourtant, à en croire les élèves récemment sortis qui ont eu ces anciens élèves pour professeurs, ils seraient à tous les points de vue à la hauteur de leur tâche. Pour mon compte personnel, j'ai souvent entendu, dans ces dernières années, des jeunes gens qui étaient encore à l'école ou qui en sortaient me répéter : « Si tous les professeurs déployaient le zèle et l'activité des anciens élèves qui sont professeurs à l'école, les études seraient tout autres. Si seulement l'administration les soutenait et les écoutait, mais... » et ils s'arrêtaient. Je suis pourtant parvenu à les faire parler. Ils m'ont révélé des choses extraordinaires touchant les agissements de l'administration supérieure.

J'ai bien lu dans l'*Université* des communications relatives à l'École de Cluny, faites aux séances de la *Société pour l'étude des questions d'enseignement secondaire ;* elles relataient certains actes qu'une administration, soucieuse des intérêts supérieurs qu'elle a mission de défendre et de protéger, évite de commettre ; mais ces actes, si incroyables qu'ils puissent paraître, sont encore bien loin de la réalité. Il faut que l'École ait eu la vie bien dure pour n'avoir pas succombé à des assauts si souvent répétés, succédant ou à des oublis calculés ou à des négligences voulues qu'un régime de liberté de presse comme le nôtre ne devrait pas tolérer sans élever une voix indignée contre ceux qui ne craignent pas de se jouer de tout. Ce qui me surpasse c'est qu'il ne se soit jamais trouvé à la Chambre des députés un représentant du département de Saône-et-Loire pour monter à la tribune et révéler à la France tout entière les agissements ténébreux de quelques hommes qui, investis d'une part considérable d'autorité, n'hésitent pas à en user, pour ne pas dire abuser, au détriment de l'intérêt public, pour satisfaire parfois de mesquines rancunes personnelles.

Après tout, cela ne me regarde pas. Désintéressé dans la question, je pourrais ne m'en pas occuper ; et je dois ici à la vérité de déclarer que, si parfois je parais au lecteur m'écarter de la ligne de conduite que je me suis tracée en commençant ce travail, c'est que je me trouve en présence d'actes de nature à révolter ma conscience d'honnête homme.

Ce qu'il m'importe de bien établir dans cette question du personnel enseignant c'est que, jusqu'ici, on n'a nommé à l'École, comme professeurs, que deux anciens élèves ; que, depuis cinq ou six ans, on s'est imposé comme règle absolue de conduite de n'en pas nommer de nouveaux ; qu'on chercherait plutôt, par des offres séduisantes, à décider ceux qui s'y trouvent à quitter l'École. Pourtant l'administration pourrait sans peine trouver parmi les anciens élèves plusieurs professeurs distingués, profondément attachés à l'École qui les a formés ; ils ne demanderaient pas mieux que de lui rendre son ancienne prospérité et de fermer la bouche par les résultats obtenus à ceux qui la calomnient sans la connaître.

Au lieu d'y appeler des maîtres passionnément dévoués, l'administration préfère y envoyer tous les ans deux ou trois Normaliens sortant de l'École normale, âgés de 22 à 23 ans, fort distingués certainement, mais indifférents à sa prospérité, qui sont là comme l'oiseau sur la branche, attendant au bout de dix mois une chaire de Faculté ou une chaire de mathématiques spéciales dans un grand lycée. Ce n'est pas ainsi qu'une administration agit quand elle a conscience de son devoir Il n'est pas un homme de sens rassis qui ne le reconnaisse.

Bref, que faudrait-il pour redonner à Cluny sa prospérité des premiers jours ? un peu de bonne volonté de la part de l'administration supérieure dans le choix des maîtres. Cela suffirait presque. Qu'elle leur alloue un traitement convenable, égal, pour y débuter, au traitement maximum d'un professeur de lycée de Paris, c'est-à-dire 8000 francs ; qu'elle l'élève par promotions de classes successives jusqu'à 10 000 francs, et le personnel sérieux, instruit, dévoué ne fera pas défaut. Il faut que le personnel choisi n'ait pas à redouter un changement tous les ans, s'il fait son devoir. Il ne faut pas qu'un professeur s'y considère comme un oiseau de passage.

Il paraît que l'administration allègue, pour justifier la présence à Cluny de tel ou tel professeur notoirement insuffisant, qu'elle ne trouve personne de résigné à aller en nourrice à la campagne. C'est absolument inexact. M. Duruy avait bien su trouver un personnel d'élite. Certes, j'ai vu Cluny à cette époque ; j'ai eu le plaisir de le revoir il y aura bientôt cinq ans ; je puis affirmer que le séjour de cette petite mais délicieuse ville était loin, il y a quinze ans, d'être aussi agréable qu'il l'est aujourd'hui. Cependant les Moitessier, les Riban et autres y restaient avec plaisir. Depuis leur départ, il est d'autres professeurs remarquables qui y ont passé ; s'ils l'ont quittée, c'est moins à cause du peu d'importance de la ville qu'à cause de la défaveur imméritée qu'ils sentaient s'attacher à l'École elle-même. Tel de ces professeurs en est parti pour aller dans une Faculté qui, six mois après son départ, regrettait encore Cluny.

M. Duruy avait pu trouver un personnel d'élite, pourquoi l'administration actuelle ne le pourrait-elle pas ? Si elle ne le peut, c'est qu'elle ne le veut. Elle pourrait y attirer d'anciens élèves, elle ne le veut pas ? Pourquoi ? c'est qu'elle redoute leur dévouement, leur zèle et leur ardeur ; elle a peur qu'ils ne fassent prospérer la maison. Voilà les vrais motifs. J'ai sous les yeux, au moment où j'écris ces lignes, des preuves irrécusables de ce que j'avance ; mais ces motifs sont inavouables et l'administration en donne d'autres que l'histoire du passé dément de la façon la plus catégorique. Ces procédés ont un nom dans notre langue.

CHAPITRE XIII

Examen de la fin de la deuxième année.

J'ai dit qu'après deux ans de séjour à l'École les élèves subiraient un examen, à la suite duquel ceux qui auraient réussi recevraient un titre qui s'appellerait licence de l'enseignement spécial. On m'excusera d'ouvrir ici une parenthèse et de fournir quelques détails historiques. M. Duruy avait institué, par la loi du 21 juin 1865, un brevet de capacité d'enseignement spécial, délivré aux élèves à la fin de la deuxième année d'études. Ce titre, tel que le fondateur de l'école l'avait compris pour les élèves de cette École, était très sérieux. Aussi, pour le distinguer du brevet de capacité pris dans les Facultés, M. Duruy décida-t-il qu'il serait appelé brevet de Cluny et lui accorda-t-il quelques avantages que n'offrait pas le brevet de capacité délivré par les Facultés. Pour prouver qu'il était sérieux, il me suffira de signaler les difficultés de l'examen.

L'examen du brevet de Cluny comportait, pour chacune des deux sections scientifiques, sept épreuves d'une durée totale de vingt-trois heures; une épreuve orale d'une durée de trois heures et une épreuve pratique d'une durée de quatre heures. Pour la section littéraire, cinq épreuves écrites d'une durée totale de dix-neuf heures et une épreuve orale d'une durée de deux heures. Pour la section des langues vivantes, quatre épreuves écrites d'une durée totale de dix-sept heures et une épreuve orale d'une durée d'une heure et demie.

Je ne possède pas les textes des sujets des compositions écrites donnés aux élèves ; mais il sera facile, je pense, de se représenter ce qu'ils étaient, quand on saura que la commission d'examen avait le savant M. Balard, membre de l'Institut, pour président, et qu'elle comptait des hommes comme MM. Brongniart, Milne-Edwards, Rollier, Résal, Jamin, Debray, Faye, Levasseur, Dareste, Demogeot, Gréard, etc. Cet examen présentait toutes les garanties qu'on pouvait désirer, et le titre délivré à ceux qui l'avaient subi avec succès devant des juges de cette qualité n'était pas, comme d'aucuns l'ont prétendu, un titre de pacotille.

La commission venue de Paris fut supprimée le 10 juin 1873; à partir de cette époque les professeurs de la Faculté de Lyon furent exclusivement chargés de faire passer cet examen. Je relaterai plus loin leurs procédés. Il me suffit de dire ici qu'ils s'acquittèrent fort mal de leur mission et que le brevet délivré par eux était loin d'avoir la valeur de l'ancien.

Ce brevet de Cluny, créé par une loi, a été subrepticement supprimé en 1883 par l'administration supérieure qui n'a même pas consulté le conseil supérieur de l'instruction publique. Toujours, sans consulter ledit conseil, elle a, *de motu proprio*, selon son bon et unique plaisir, décidé que, pour les deux sections des sciences, les élèves de l'École se présenteraient à la licence classique. Il y a dans cette suppression d'un titre établi par une loi, et qu'une loi seule pouvait supprimer, une illégalité flagrante. Eh bien ! aucun député de Saône-et-Loire n'a élevé la voix pour la signaler. La substitution de la licence classique au brevet de capacité, sans l'avis du conseil supérieur, est au moins un acte de pouvoir personnel qui indique chez l'administration supérieure une disposition bien accentuée à se moquer du qu'en dira-t-on et à fouler aux pieds toutes les convenances qu'elle devrait observer envers les représentants de l'Université.

La préparation aux licences classiques est un non-sens manifeste ; ce n'a jamais été et ce ne doit pas être le but de l'École. Elle forme des professeurs pour un enseignement distinct de l'enseignement classique, pour un enseignement dont les tendances, l'objet et les méthodes sont différents, et il lui faut un personnel préparé d'après ces méthodes. L'École de Cluny cesse d'avoir sa raison d'être du jour où on y prépare à la licence classique. Il faut aux deux enseignements des titres particuliers qui portent le caractère de leurs différences. L'administration semble enfin l'avoir compris et, en 1885, elle a fait adopter par le Conseil supérieur un titre nouveau. Mais, dans cette conception nouvelle, l'administration ne me paraît pas avoir été plus logique qu'elle ne l'a été, quand elle a rédigé l'arrêté limitant les matières de l'examen d'entrée à l'École aux parties communes aux baccalauréats divers et au brevet primaire supérieur.

Il existe un baccalauréat d'enseignement spécial et une agrégation d'enseignement spécial, tout comme il existe un baccalauréat d'enseignement classique et une agrégation d'enseignement classique. Dans l'enseignement classique, on trouve entre le baccalauréat et l'agrégation un titre qui s'appelle licence. Le simple bon sens semblait indiquer qu'entre le baccalauréat spécial et l'agrégation spéciale il y eût un titre qui s'appelât licence d'enseignement spécial. L'administration supérieure, brouillée avec le bon sens, toujours en quête de la variété et de l'originalité, a trouvé autre chose : elle a créé un certificat d'aptitude à l'enseignement spécial ; c'est plus long à prononcer. Remarquez qu'au fond le nom m'importe peu. Mais pourquoi ne pas établir une licence d'enseignement spécial ? Mystère. L'administration possède des lumières spéciales et a des desseins impénétrables pour le commun des mortels ; elle ne les a pas révélés. Peut-être ne faut-il pas trop lui en vouloir. Je ne garantirais pas qu'elle ne fût très embarrassée pour expliquer les motifs qui l'ont guidée, quand elle a décidé qu'on dirait certificat d'aptitude au lieu de licence. Aurait-elle peur que le mot licence entraînât une confusion ? Cela ne peut être. Dans l'enseignement classique, il existe trois ou quatre licences : licence de grammaire, licence de lettres, licence d'histoire, etc., etc. Elles ne sont pas toutes de même ordre. Craint-elle la confusion ? Pas du tout. Quand on dit licence de grammaire, on ne désigne pas exactement la même chose que quand on dit licence de lettres. Les déterminatifs qui suivent le mot licence indiquent avec précision de quelle licence il s'agit. Eh bien ! si on disait licence d'enseignement spécial, est-ce que les mots d'*enseignement spécial* ne préciseraient pas de quelle licence il est question ? Mais je passe sur le mot. Le mal ne serait pas grand si l'administration, ou plutôt le conseil supérieur (car elle s'est déchargée d'une part de sa responsabilité sur cet aréopage à plusieurs têtes) avait mieux compris les programmes de ce certificat d'aptitude. Ces programmes ont été conçus dans l'esprit le plus étroit possible. Ils ont été comme un coup de massue asséné sur la tête des professeurs de l'enseignement spécial. J'en ai vu qui étaient ahuris. On le serait à moins. Ces programmes, tels qu'ils sont, rendent l'examen du certificat d'aptitude moins difficile que celui du baccalauréat d'enseignement spécial. Ce n'est pas sérieux.

Quoi ! il a fallu que les cinquante ou soixante têtes, je ne sais au juste le nombre, qui composent le conseil supérieur de l'instruction publique, se missent en travail pour accoucher de ce nain. Je crois en vérité que ce jour-là nos mandataires et autres, en partant pour la séance, avaient chacun individuellement et tous en général, oublié leur chef, pour n'emporter que le couvre-chef. Je me refuse absolument à regarder ce programme comme une œuvre étudiée par des hommes sérieux et intelligents. Il ne se tient pas debout. Il ne mérite pas l'honneur d'être discuté. Quand on a dit qu'il est absurde, il ne reste plus rien à ajouter.

Ce qu'il y a de singulier dans cette affaire, c'est le rôle qu'on a fait jouer au ministre. On lui a fait signer une circulaire aux recteurs dans laquelle il les avertit le plus gravement du monde que l'examen du certificat d'aptitude devra être très sérieux et que le titre qui sera délivré à ceux qui l'auront subi avec succès aura une haute valeur. Mais, monsieur le Ministre, comment voulez-vous que cet examen soit sérieux; sur quoi interroger les candidats pour s'assurer qu'ils ont une valeur scientifique quelconque? C'est une plaisanterie. Vous n'avez rien mis dans les programmes. Tous les professeurs d'enseignement spécial que je connais sont navrés.

Mais pourquoi ne pas faire un programme qui renfermât des difficultés analogues à celles du programme de la licence classique dans un ordre d'idées un peu différent? Ce que vous faites pour la licence classique, faites-le pour le certificat d'aptitude à l'enseignement spécial. Est-ce que ce titre n'est pas dans l'enseignement spécial, ce qu'est la licence dans l'enseignement classique? Si oui, pourquoi ne pas procéder de même dans l'un et l'autre cas?

Je le devine presque. C'est que vous avez admis à y prendre part, les brevetés primaires supérieurs. Mais est-ce une raison? Admettez à prendre part à cet examen qui vous voudrez, peu m'importe. Mais faites-en un examen difficultueux. Voyons. A l'examen de la licence classique, vous admettez les bacheliers n'est-ce pas? c'est à dire que, pour pouvoir s'y présenter, il faut être pourvu du baccalauréat. Être bachelier est une condition nécessaire, mais est-elle suffisante? Pas le moins du monde. Il faut, en outre, que le bachelier ait fait des études supérieures, qu'il se soit préparé à vaincre les difficultés d'un programme précis et bien connu de lui.

Eh bien! faites de même pour l'examen du certificat d'aptitude. Que pour s'y présenter, il faille produire un baccalauréat ou le brevet supérieur, très bien; que ce titre soit une condition nécessaire, fort bien encore; mais qu'elle ne soit pas suffisante. Dites aux candidats : voilà un programme aux exigences duquel vous aurez à satisfaire, et c'est tout. Quant à vous, administration, dressez ce programme de telle façon que, pour passer l'examen avec succès, il faille posséder des connaissances étendues et approfondies. Ne vous souciez, en le rédigeant, ni des brevetés primaires ni des bacheliers. Ayez pour but unique de faire du sérieux, du difficile. Le reste regarde les candidats; qu'ils prennent leurs mesures. Qu'ils s'instruisent, qu'ils s'élèvent à la hauteur de l'examen. Quand ils se croiront prêts qu'ils se présentent. S'ils surmontent les difficultés recevez-les et délivrez-leur le titre. S'ils sont vaincus par les difficultés de l'examen, ajournez-les.

C'est aussi simple que de dire : Bonjour. Est-il donc nécessaire, pour saisir des choses qui tombent sous les sens, d'avoir inventé l'art de perfectionner les pains à cacheter? En vérité, plus je réfléchis, plus je regarde de près cette question de l'enseignement spécial, plus je me fortifie dans cette conviction que, pour l'administration supérieure, l'enseignement spécial a quelque propriété aveuglante. Tout ce que l'administration tente, sous le prétexte avoué de le développer, de le faire prospérer, a pour conséquence directe et immédiate de le déprécier, lui ou son personnel enseignant.

Je conclus. Le titre délivré à la fin de la deuxième année de séjour à l'École porterait le nom de licence d'enseignement spécial. Il serait délivré à la suite d'un examen difficile dont les programmes seraient précis et renfermeraient des difficultés réelles.

Où se passerait l'examen? A l'origine de l'École, M. Duruy, envoyait à Cluny, une commission composée d'hommes éminents. Cette commission a été supprimé en 1873, A partir de cette époque les professeurs de la Faculté de Lyon furent chargés de faire passer cet examen. Mais la commission lyonnaise a commis parfois des irrégularités et des actes arbitraires qui témoignent de sa malveillance à l'égard de l'École de Cluny. Elle a aussi donné des preuves d'incapacité : n'a-t-elle pas eu la baroque et absurde idée de donner en composition écrite à l'examen de sortie, la question du carré magique des neuf premiers nombres? Sans doute chacun est libre d'avoir une opinion même préconçue sur l'École de Cluny. Mais quand un professeur de Faculté ou autre accepte de faire partie du Jury d'examen, il doit remplir sa mission consciencieusement. Eh bien ! je dis que c'est se moquer des élèves et de l'École, et prouver qu'on ne sait ce qu'est un examen, que de proposer une question de ce genre. Quand on fait subir un examen à des jeunes gens qui ont travaillé en vue de le passer honorablement et de conquérir un titre qui sera leur gagne-pain, on n'a pas le droit de remplacer des questions sérieuses par des rébus. On ne joue pas avec l'avenir des jeunes gens. Les conséquences du jeu peuvent parfois être trop graves. Les examinateurs de Lyon ont donné la mesure de ce qu'on peut et de ce qu'on doit attendre d'eux. Il faut leur retirer une mission qu'ils n'ont pas su ou pas voulu remplir. Il faut rétablir l'ancien état de choses : envoyer à Cluny une commission venue de Paris. Objectera-t-on que ce moyen est impraticable. Impraticable ! pourquoi donc ? Il a été pratiqué ; il a produit d'excellents résultats : pourquoi ne pas le pratiquer de nouveau?

CHAPITRE XIV

L'École de Cluny et M. Bigot.

Dans son livre : *Questions d'enseignement secondaire*, M. Bigot consacre à l'École de Cluny vingt-six lignes. C'est peu, et cependant c'est assez pour révéler qu'il n'a sur cette question que des idées vagues, incomplètes et préconçues. M. Bigot qui a si bien fait connaître l'École normale supérieure, s'est bien gardé de faire connaître Cluny. Ce qu'il n'a pas fait, je vais essayer de le faire.

Amené à parler de l'enseignement spécial, M. Bigot part en guerre contre l'École de Cluny. L'enseignement spécial, dit-il, (page 86) « appelle quelques réformes urgentes. La première, c'est de détruire l'École de Cluny. »

Voilà qui est clair. Je me suis déjà expliqué sur cette question. J'ai exposé les raisons qui militent en faveur de l'existence d'une école normale d'enseignement secondaire spécial. Si elle n'existait pas, sa création s'imposerait aujourd'hui plus que jamais[1]. De plus j'ai déclaré (et c'est ma conviction) que je ne verrais aucun inconvénient à ce que l'École fût à Paris. Mais pour avoir à Paris une installation comme celle de Cluny, il faudrait dépenser au plus bas chiffre dix millions. On ne les a pas. A Cluny avec cinquante mille francs, on peut remettre l'École en l'état où elle était il y a quinze ans et y obtenir des résultats aussi sérieux qu'à Paris. Il me semble que l'hésitation n'est pas permise. Il faut laisser l'École à Cluny et s'occuper d'elle[2].

M. Duruy, ajoute M. Bigot, « obligé d'aller en tout à la stricte économie, avait été heureux de trouver au fond du département de Saône-et-Loire, ces bâtiments de Cluny, dont il pouvait disposer. »

M. Bigot ne fait ressortir qu'à moitié la situation où était M. Duruy en 1866. Ce qui est vrai, c'est

1. Voir chapitre VII. Nécessité d'une école normale d'enseignement secondaire spécial.

2. Voir chapitre VIII. Où doit être l'École? et chapitre IX, École normale spéciale de Cluny.

que le ministre d'alors était « obligé d'aller en tout à la stricte économie. » Mais aller à la stricte économie » suppose au moins qu'on a quelque chose à dépenser. Or M. Duruy n'avait pour fonder son école absolument aucune ressource. L'École n'eut un budget que deux ans après sa création, et encore ce budget ne renfermait-il absolument rien pour faire face aux dépenses déjà faites. C'est donc sans le concours de l'État que le ministre fit face aux dépenses de premier établissement et qu'il fit vivre l'École pendant deux ans. Cela peut paraître extraordinaire, mais il en est ainsi. L'État ne dépensa pas un centime, si ce n'est pour y entretenir une vingtaine de boursiers.

Les dépenses furent payées avec les soixante-dix mille francs fournis par la ville de Cluny; les cent-mille francs, votés par le conseil général de Saône-et-Loire, avec les bourses votées par les conseils généraux et avec les bénéfices réalisés sur le collége. Au lieu de chercher à ridiculiser M. Duruy, d'avoir eu la bizarre idée de créér l'École, il faudrait le louer de l'avoir créée avec rien et d'avoir su lui donner une installation qui, si elle n'était pas absolument parfaite, était du moins très convenable. Avoir fait quelque chose avec rien est un mérite dont M. Duruy a le droit d'être fier et dont bien d'autres ministres ne peuvent se glorifier. A ces derniers reviendrait plutôt le triste honneur, non-seulement de n'avoir rien fait, avec de respectables ressources, mais encore d'avoir laissé dépérir ce qui existait déjà. Tout le monde, sans effort, est capable d'acquérir cette gloire.

Peut-être, ajoute M. Bigot, « M. Duruy pensait-il

(et ces idées ont été longtemps en faveur dans notre enseignement public auquel les séminaires ont servi de modèles) que rien n'est plus favorable à l'étude que l'éloignement des distractions.» Penser que l'éloignement des distractions est favorable à l'étude est une idée qui peut, je crois, se défendre. Que M. Bigot en ait une autre, libre à lui ; mais cela ne prouve pas que sa façon de voir soit la seule vraie. A supposer que M. Duruy eût cette pensée, il n'aurait pas été dans une grande erreur et beaucoup de bons et solides esprits pensent encore que l'éloignement des distractions n'est pas funeste aux études, sans se préoccuper de rechercher si ce sont les séminaires qui ont répandu cette idée dans le monde.

Quant à moi, je crois que si M. Duruy avait eu dix millions à sa disposition, il aurait établi son école à Paris. Il était d'un esprit assez ouvert pour ne pas s'effrayer des dangers de la grande ville pour la jeunesse studieuse.

Pour M. Bigot, la conséquence d'avoir établi l'École au fond du département de Saône-et-Loire « a été que les élèves de Cluny, destinés à devenir des maîtres, n'ont jamais eu eux-mêmes, sauf quelques heureuses exceptions, que des maîtres insuffisants, soit que ceux-ci habitassent Cluny, soit qu'on les empruntât au lycée voisin de Mâcon. »

Reconnaître qu'il y a eu quelques bons maîtres à Cluny est un trait de générosité dont il faut savoir gré à M. Bigot. Eh ! oui, il y a eu des maîtres à Cluny. Au temps de M. Duruy surtout, il y en a eu de bien remarquables. Seulement je pourrais dire, sans craindre d'être démenti par les anciens élèves, que les meilleurs maîtres n'étaient pas ceux que l'on empruntait « au lycée voisin de Mâcon. »

Je voudrais demander à M. Bigot s'il est équitable de faire retomber sur l'École la responsabilité de n'avoir pas eu de vrais maîtres. Penserait-il que les élèves n'auraient pas mieux aimé posséder des maîtres instruits qu'avoir des nullités soignées comme il y en a eu quelques-unes? Si l'École n'a pas eu de maîtres capables et zélés ne faudrait-il pas en faire remonter la responsabilité jusqu'à l'administration supérieure? N'est-ce pas elle qui a le choix des professeurs? N'est-ce pas elle qui a envoyé à Cluny quelques hommes dont le choix seul démonétisait l'École? Les mauvais maîtres qu'elle y envoyait chassaient les bons. Ceux-ci se sentaient humiliés, en effet, d'avoir pour collègues des hommes dont le mérite n'était pas à la hauteur de leur tâche et dont la présence à Cluny jetait la défaveur sur l'École. Un homme de cœur placé dans un établissement n'aime pas à voir cet établissement tomber dans le discrédit.

Toutefois constatons que l'administration a fait parfois des choix excellents. Mais il ne faudrait pas lui en faire un trop grand mérite ; on serait même porté à croire qu'elle s'était trompée ; car aussitôt qu'elle s'apercevait que ces maîtres réussissaient et qu'ils s'attachaient à l'École, elle s'empressait de les engager à partir en leur offrant une situation supérieure.

Je sais bien que l'administration supérieure a parfois cherché à justifier ses mauvais choix en alléguant qu'elle ne trouvait personne qui voulût aller à Cluny. Cette allégation est contraire à la vérité. D'abord M. Duruy avait su trouver de bons maîtres; pourquoi n'en pourrait-on trouver aujourd'hui? D'un autre côté l'administration a bien trouvé quelques bons professeurs qui ont consenti sans violence à aller à Cluny, pourquoi les a-t-elle fait partir, quand elle s'est aperçue qu'ils se prenaient d'estime pour l'École? Pourquoi en a-t-elle forcé d'autres à quitter l'établissement, en plaçant à côté d'eux des maîtres notoirement insuffisants dont la présence seule à Cluny rabaissait l'École?

A supposer, ce qui peut être vrai, que quelques professeurs choisis par elle aient refusé d'aller à Cluny, il n'y a rien d'extraordinaire. Des refus de ce genre se produisent, je crois, pour tous les établissements. J'ai connu beaucoup de mes collègues, durant ma carrière, qui n'ont pas accepté des offres même avantageuses de l'administration. Je puis dire, sans me flatter, que trois fois je l'ai suppliée humblement de ne pas m'affliger d'un avancement très important que je n'avais pas sollicité et auquel je ne tenais pas. Chacun a ses intérêts ou même ses goûts particuliers. De ce que l'administration a trouvé quelques maîtres refusant d'aller à Cluny, est-il conforme à la vérité de venir déclarer que personne n'y veut aller?

Que pour Cluny les refus soient plus nombreux que pour ailleurs, il n'y a pas lieu de s'en étonner et il faut en imputer la faute à l'administration supérieure. Et pourquoi? Parce qu'elle a fait aux professeurs de l'École une position pécuniaire indigne des services qu'ils rendent. Jugez-en :

Jusqu'en 1881 ou 1882, je ne sais au juste, voici le traitement dont ils jouissaient :

1re classe...............	4 200 francs
2e classe...............	3 700 —
3e classe...............	3 200 —

Ces traitements étaient inférieurs à ceux des lycées des deux premières catégories où ils s'élevaient :

		Lycées de 1re catégorie.	Lycées de 2e catégorie.
Pour les professeurs de	1re classe.	5 000	4 000
—	2e classe.	4 800	3 800
—	3e classe.	4 600	3 600

Comme on le voit, pour le traitement fixe, les professeurs de l'École étaient beaucoup moins bien rétribués que ceux d'un lycée de première catégorie. Faut-il dès lors s'étonner que les professeurs d'un lycée de première catégorie ne voulussent pas aller à Cluny. L'administration ne pouvait même pas décemment leur en faire la proposition. Elle ne pouvait pas davantage la faire aux professeurs des lycées de deuxième catégorie. Je comprends également qu'il était difficile d'y attirer ceux des lycées de troisième catégorie où les traitements sont 3 600, 3 400 et 3 200 francs. C'est qu'un professeur de lycée a des répétitions dont le rapport est parfois égal au traitement fixe. A Cluny il n'a pas cet avantage. Il est réduit au traitement fixe.

Alors à qui l'administration pouvait-elle faire des propositions? A des débutants, c'est-à-dire à ceux qui étaient le moins aptes à former des professeurs, ou bien à des chargés de cours. C'est ce qu'elle a fait et parfois elle a choisi les plus mauvais.

Je demanderai à M. Bigot s'il pense que cette conduite soit digne? s'il l'approuve? s'il n'est pas juste d'accuser l'administration d'avoir cherché à perdre l'École? Évidemment M. Bigot n'ignorait pas ces détails. Ils sont connus de tous. Mais alors pourquoi ne les a-t-il pas révélés? Pourquoi n'a-t-il pas de sa plume éloquente et avec sa légitime autorité flétri de semblables procédés?

L'administration ne pouvait pas ignorer cette situation. N'eût-elle pas été au courant, elle aurait pu s'y mettre. On a parfois appelé son attention sur la situation pécuniaire du personnel. Ainsi, en 1874, une commission fut nommée pour arrêter les programmes de l'enseignement à l'École. M. Levasseur rapporteur de cette commission, tenait le langage suivant :

« La commission appelle toute la sollicitude de M. le ministre sur les professeurs de l'École normale de Cluny qui, dans un enseignement nouveau à plusieurs égards, ont une tâche difficile à remplir, et sont souvent obligés de créer les méthodes en même temps qu'ils préparent leurs leçons. Ils trouvent à Cluny le calme nécessaire pour l'étude, mais ils n'y trouvent pas les ressources qui permettent d'accroître par des leçons particulières le revenu du professeur. Il importe cependant d'y attirer de bons maîtres et d'y retenir ceux qu'on a attirés. Pour cela il faut que les traitements n'y soient pas inférieurs à ceux des professeurs d'un lycée de première catégorie. »

L'appel de la commission a fini par être entendu.

Mais combien de temps a-t-il fallu à l'administration pour comprendre le sens profond de ces paroles, pourtant très claires? Huit ou neuf ans. Ce n'est qu'en 1881 ou 1882, qu'elle s'est décidée à payer les professeurs de l'École au même taux que ceux des lycées de première catégorie. Avouez que la vivacité de son intelligence laisse à désirer.

Les professeurs de Cluny reçoivent donc aujourd'hui un traitement égal à celui des professeurs des lycées de première catégorie. Néanmoins leur position est encore inférieure à celle de ces derniers, parce qu'ils sont privés de la ressource des leçons particulières. L'administration n'a pas fait assez. Il faut qu'elle élève ce traitement. Ce sera faire acte de justice. Elle sera certaine alors de voir les premiers maîtres des lycées solliciter Cluny, où ils seront débarrassés de la besogne fastidieuse et pénible des leçons particulières et où ils auront un enseignement agréable à donner.

Vous voyez donc, M. Bigot, qu'il est peut-être injuste d'accuser l'École de n'avoir pas eu toujours de bons maîtres. Le coupable n'est pas l'École.

« Cluny n'a pas donné ce qu'on avait pu espérer de lui, » dit M. Bigot. Voilà une phrase toute faite qui circule depuis dix ans. On l'a entendue au Sénat et à la Chambre des députés à l'occasion des discussions relatives au budget de l'École. C'est une antienne toute prête qu'on entonne dès qu'il s'agit de Cluny. M. Bigot n'a pas eu le mérite de la chanter le premier. Je suis étonné qu'un homme de sa valeur se soit borné à l'entonner uniquement pour suivre le mouvement. Cela prouve que la race des moutons n'est pas encore éteinte.

Mais, M. Bigot, au lieu de vous contenter de reproduire ce cliché déjà vieux de dix ans, pourquoi n'auriez-vous pas indiqué ce que l'École a produit? et une fois cette indication donnée, pourquoi n'auriez-vous pas exposé ce que vous auriez voulu qu'elle eût produit? enfin pourquoi n'auriez-vous pas recherché la cause de cette insuffisance de résultats? C'eût été de votre part faire preuve de bonne foi et d'un réel désir de connaître et de faire connaître la vérité. Je vais prendre la liberté de faire ce travail. Je vous donnerai des chiffres exacts, authentiques. Vous verrez ce que l'École a produit. Ensuite je vous expliquerai pourquoi elle n'a pas produit davantage. Dans cette dernière partie de mon travail, je serai amené à vous parler des agissements de diverses sortes de l'administration relativement à l'École et aux élèves qui en sortent. Je ne pourrai que vous fournir un résumé très incomplet; mais ce que je dirai sera d'une exactitude mathématique. Il faudrait un volume pour tout révéler. Ce volume je ne jure pas de ne pas l'écrire sous peu. Il sera édifiant. Si jamais je l'écris, vous vous convaincrez que si l'administration a l'intelligence lente et lourde pour faire du bien à l'École, elle l'a vive et possède même le génie quand il s'agit de lui faire du mal.

Les élèves de Cluny, pour les deux sections scientifiques, n'ont commencé à se présenter à l'agrégation qu'en 1869. Ils ont pris part à 16 concours, dans lesquels il a été reçu pour la section des sciences mathématiques, 107 agrégés dont 68 élèves sortis de Cluny.

Pour les sciences physiques, il y a eu 71 agrégés dont 55 de Cluny.

Pour les lettres, les élèves de Cluny commencèrent à se présenter en 1871, la section n'ayant été créée à l'École qu'en 1867 et le concours de 1870 n'ayant pas eu lieu. Pendant cette période, il a été reçu 71 agrégés dont 23 de Cluny.

En sorte que pour les deux sections scientifiques, depuis que les élèves de Cluny ont commencé à se présenter à l'agrégation, il y a eu en tout 177 agrégés de reçus, dont 123 ayant passé par Cluny.

Enfin pour les trois sections (scientifique et littéraire), sur un total de 248 agrégés, il y en a 146 ayant passé par Cluny.

Pour les langues vivantes, l'École a eu 23 de ses élèves qui ont obtenu le certificat d'aptitude à l'enseignement de l'allemand; 21, le certificat d'aptitude à l'enseignement de l'anglais; 10, l'agrégation soit d'anglais, soit d'allemand.

Ce n'est pas tout. Les élèves, une fois sortis de l'école, ne se sont pas reposés. Certains se sont, tout en exerçant, préparés aux titres classiques. Ils ont pris le baccalauréat, la licence, quelques-uns l'agrégation, d'autres le doctorat.

Ainsi, il y a 21 élèves sortis de Cluny qui ont obtenu la licence ès sciences mathématiques; 33, la licence ès sciences physiques; 7, les deux licences; 5, la licence d'histoire naturelle; 1, la licence ès lettres; 1, l'agrégation classique des sciences physiques; 1, l'agrégation classique des sciences mathématiques; 1, l'agrégation classique d'histoire naturelle; 1, le doctorat ès sciences. Voilà des résultats. Sont-ils satisfaisants? Je le crois. Auraient-ils pu être meilleurs? Je le crois encore. S'ils n'ont pas été tels qu'on pouvait les espérer, quelles en sont les causes?

1° On n'a admis à rester en troisième année qu'un nombre dérisoire d'élèves qui avaient, au bout de la deuxième année, subi avec succès l'examen de sortie et qui n'auraient pas mieux demandé que de préparer à l'école même l'agrégation. Pourquoi n'en a-t-on pas admis davantage ? Mystère !

2° La troisième année n'a pas toujours existé. Ainsi, pour les sections de sciences mathématiques et physiques, elle a été supprimée en 1873, 1874, 1877, 1880, soit quatre fois. Durant ces années l'école ne préparait pas à l'agrégation. Il n'est pas douteux que si elle avait préparé des élèves, elle n'eût eu un plus grand nombre d'agrégés à inscrire à son actif, bien que cependant, elle compte, pour ces deux sections 123 agrégés sur un total de 177. Pourquoi ces suppressions? Mystère encore! C'est le bon plaisir de l'administration de supprimer et elle supprime, sans donner les motifs qui la guident. Elle les garde pour elle, ou plutôt elle n'en a pas. C'est un caprice.

C'est surtout la section littéraire qui a été maltraitée. Pour cette section, la troisième année a été supprimée pendant les années 1872, 1873, 1874, 1876, 1877, 1880, 1881, 1884, 1885, soit, dans une période de seize ans, depuis qu'elle a été créée, neuf fois. On l'a laissée vivre sept fois. Le nombre total des élèves qu'elle a comptés durant les sept années de son existence a été de 21, et il y a 23 agrégés. Il n'y a donc pas lieu d'accuser l'école de n'avoir pas produit ce qu'on avait pu en espérer.

3° L'administration supérieure, depuis 1872, ne s'est nullement préoccupée du recrutement de l'École, si ce n'est pour l'entraver. Ici il y a des faits d'une bizarrerie exceptionnelle. Pour les présenter sous leur vrai jour, il faudrait tous les citer séparément et année par année. Ils sont si nombreux qu'il faudrait plus d'espace que je n'en ai à ma disposition. Je me bornerai à dire que jamais l'administration, sauf depuis deux ou trois ans, n'a fait connaître officiellement ni s'il y aurait des examens d'entrée à l'École, ni à quelle époque ils auraient lieu. Faute de publicité et de renseignements, il ne se présentait pas de candidats, ou en si petit nombre qu'on ne pouvait faire un choix. Souvent elle envoyait des élèves à l'École sans leur avoir fait subir d'examen d'entrée ; d'autres fois elle ne faisait subir que les épreuves écrites et dispensait les candidats de l'examen oral. Quand elle avait admis des élèves, elle oubliait de les informer de l'époque de la rentrée ; parfois elle ne les avertissait qu'à des époques diverses, après la rentrée, et ils arrivaient à Cluny un à un, à mesure qu'ils étaient avertis, jusqu'au mois de janvier ; enfin parfois elle les envoyait à Cluny à la fin de novembre, alors que la rentrée avait déjà eu lieu dans les premiers jours d'octobre. C'était une négligence et une insouciance dont l'histoire d'aucune institution ne présente de si nombreux exemples. On n'a jamais eu d'exemple d'une maison trahie à ce point par ceux qui sont chargés de la faire prospérer.

4° Quand les élèves étaient à Cluny, personne ne s'occupait d'eux, si ce n'est leurs professeurs. Le recteur de Lyon sous l'autorité duquel l'École est placée depuis 1872, y est allé une fois en cinq ans.

Les inspecteurs généraux étaient très rares. Il y a eu une inspection en quatre ans. Certaines chaires restaient vacantes, en pleine année, pendant plusieurs mois. La chaire d'histoire naturelle resta sans titulaire durant six mois, en 1877-1878. On négligea, de la rentrée de 1880 au 26 avril 1881, de nommer un préparateur de chimie ; la chaire de physique resta vacante du 20 décembre 1879 au 6 avril 1880 ; celle d'anglais resta sans titulaire trois ans, et cependant on recevait des élèves pour la section d'anglais.

5° Tous les ans, à la fin de juillet, arrivait à Cluny la commission d'examen de Lyon qui donnait parfois des questions d'une absurdité inouïe, comme celle du carré magique des neuf premiers nombres. En 1877, les élèves de la section des sciences mathématiques échouèrent tous, bien que ce fût une promotion bien composée. On leur infligea cet échec, ainsi qu'un examinateur s'en vanta, pour les punir de n'avoir pas voulu assister, le jeudi soir, de quatre à cinq heures, à un cours d'instruction religieuse que le sous-directeur venait de créer de sa propre autorité pour avoir un prétexte de donner une augmentation de 500 francs à l'aumônier, cours que le recteur supprima sur la réclamation des élèves.

6° Quand les élèves étaient sortis de l'École, on ne les plaçait pas avec assez de rapidité ou on les plaçait fort mal. Ceux qui sortaient avec le brevet dit de Cluny, qui était un titre sérieux, étaient envoyés dans de petits collèges où ils se trouvaient quelquefois avec des positions inférieures à celles d'instituteurs qui n'étaient même pas pourvus du brevet supérieur ; les agrégés, on les envoyait parfois dans des collèges où ils se trouvaient dans une position pécuniaire inférieure à celle des licenciés ; souvent on leur a fait attendre une place trois mois, six mois, même davantage.

Je prie M. Bigot de vouloir bien dire si, dans ces conditions, l'École a pu se développer, être prospère et produire beaucoup. M. Bigot dit (page 245) : « Il n'y a d'action féconde sur les sociétés que celle qui s'exerce par en haut. » Rien de plus juste. Mais une école est une petite société, sensible comme toute société à « l'action qui s'exerce par en haut. » Or de quoi étaient témoins les membres de cette petite société qui s'appelle l'École de Cluny? De choses bizarres et extraordinaires qui sont incroyables tant elles paraissent invraisemblables. Ils se voyaient bombardés à Cluny, parfois sans savoir comment ; là ils étaient délaissés de l'administration supérieure, sans inspection générale, en butte aux tracasseries mesquines de la direction qui les attaquait au lieu de les défendre, exposés aux plaisanteries d'une commission lyonnaise d'examen qui se jouait d'eux ; privés au milieu de l'année de quelqu'un de leurs professeurs ; à leur sortie, une très mauvaise place ou même pas de place. Si M. Bigot pouvait citer un établissement qui ait prospéré par l'emploi de semblables procédés, je lui saurais gré de me l'indiquer.

Eh bien, malgré ces marques nombreuses de malveillance, l'École de Cluny est debout ; elle a donné les résultats que j'ai énumérés déjà, et dont on serait en droit de s'étonner, plutôt que de l'accuser de n'avoir pas répondu à l'attente générale. S'ils n'ont pas été tels qu'on les attendait, il faut attribuer leur insuffisance à des causes extérieures à l'École même. Si M. Bigot n'est pas de parti pris, il voudra bien reconnaître qu'il a été sévère pour l'École de Cluny. Elle mérite plus d'égards, a droit à plus de bienveillance; elle souffre de l'injustice dont elle est l'objet, sans avoir rien fait pour la mériter.

CHAPITRE XV

Réfutation des idées de M. Bigot sur les titres des professeurs de l'enseignement spécial.

M. Bigot n'aime ni les professeurs de l'enseignement spécial, ni leurs titres universitaires. A ce propos, je crois devoir placer sous les yeux de mes lecteurs le passage de son livre où il en parle fort dédaigneusement. Ainsi (page 88), il s'écrie : « Il « faut faire disparaître cette équivalence injuste et « si malheureusement établie, je ne parle pas seu- « lement entre les traitements, mais surtout entre « les titres de l'enseignement secondaire et les « titres de l'enseignement spécial... Un professeur « de l'enseignement classique, qu'il appartienne à « l'ordre littéraire ou à l'ordre scientifique, a fait « d'abord des études secondaires complètes : il a « été reçu bachelier; puis, qu'il sorte de l'École « normale supérieure, qu'il sorte des rangs de « l'Université, de ceux des boursiers de Faculté, « il a été reçu licencié, reçu ensuite agrégé; il a « conquis, par une série d'examens et de concours,

« son titre de professeur; il est fier de ce qu'il a « conquis avec tant d'efforts; il sait le prix de son « diplôme. Or que voit-il aujourd'hui? Il voit à côté « de lui arriver un homme qui n'a ni la même édu- « cation ni la même culture d'esprit que lui : celui- « ci n'est pas licencié, il n'est pas même bachelier ; « il a passé cette agrégation de l'enseignement « spécial qui n'a rien à voir avec l'agrégation ou « des lettres ou des sciences ou de l'histoire ou des « langues vivantes; et voilà cet homme, de par la « confusion des mots, devenu son égal, son col- « lègue, également professeur, émargeant égale- « ment à chaque fin de mois. Il répugne à cette « confusion qui l'offense, parce qu'elle n'est pas « justifiée. Tous les règlements auront beau faire, « il ne se résignera jamais à voir en ce collègue « forcé son égal. »

Messieurs les spéciaux, vous voilà bien habillés. Rien ne manque dans cette virulente sortie, si ce n'est l'esprit de mesure et aussi l'erreur ou tout au moins l'exagération outrée. Faire fi des titres des professeurs de l'enseignement spécial, c'est assuré- ment un droit qui appartient à M. Bigot. Penser autrement que lui est aussi un droit qui m'appar- tient. Je vais en user pour rétablir la vérité des faits.

M. Bigot estime que les classiques, munis du baccalauréat, de la licence et de l'agrégation sont fiers de ce qu'ils ont conquis avec tant d'efforts. Je ne dis pas non. Pour moi, j'avoue avec plaisir avoir éprouvé cette fierté. Serait-il juste de refuser aux spéciaux le droit à la fierté d'avoir conquis les leurs? Voyons : procédons méthodiquement. Les profes- seurs de l'enseignement spécial ont une triple origine : les uns viennent de l'enseignement classique, les autres de l'enseignement spécial, d'autres enfin de l'enseignement primaire.

Les premiers sont munis du baccalauréat, soit ès lettres, soit ès sciences. Ils sont donc bacheliers au même titre que les professeurs classiques. Les difficultés pour obtenir ce titre n'ont pas été plus grandes pour les professeurs classiques que pour les professeurs spéciaux (entendre d'enseignement spécial), à moins que vous n'admettiez que lesdits classiques sont moins intelligents que les spéciaux, ce que vous n'êtes pas disposé à avouer, pas plus que je ne désire vous le faire avouer. Donc pour ceux-là nous sommes d'accord.

Les seconds sont pourvus du baccalauréat de l'enseignement spécial. Or que vous le vouliez ou non, ce titre est regardé comme plus difficile à obtenir que le baccalauréat ès sciences. Donc les bacheliers spéciaux ont autant de droits que les bacheliers classiques à être fiers de leur titre.

Les troisièmes ont le brevet supérieur de l'enseignement primaire. C'est pour ces derniers que vous réservez toutes vos colères. Je vous accorderai volontiers que, jusqu'aux dernières réformes, ce titre était plus facile à obtenir que le baccalauréat. Je vous accorderai aussi qu'il l'est encore aujourd'hui. Vous voyez que je suis conciliant et que je sais reconnaître la vérité. Cependant la différence des difficultés entre l'examen du brevet supérieur actuel et celui du baccalauréat ès sciences n'est pas immense. Le programme des matières exigées pour ces deux examens ne diffère pas beaucoup.

Mais enfin, il y a une différence, je la reconnais.

Seulement qu'importe cette différence, s'ils peuvent aborder les études secondaires avec autant de succès et même plus que les autres. Je vous ai prouvé dans un autre chapitre qu'il en a été ainsi pendant les vingt dernières années, toutes les fois qu'on leur a permis de se mesurer avec les classiques. Plus loin je rendrai cette démonstration plus complète en citant des chiffres.

Passons au titre qui donne le droit de prendre part au concours d'agrégation.

Les titres qui ont jusqu'ici conféré le droit de se présenter à l'agrégation ont été : la licence, les diplômes de l'École centrale, de l'École polytechnique, de l'École des Ponts et Chaussées et de l'École des Mines, le brevet de capacité instituée par la loi du 21 juillet 1865 et le brevet de Cluny.

Pour les professeurs spéciaux munis de la licence ferez-vous des objections, M. Bigot ? La difficulté de prendre ce titre a été pour eux aussi grande que pour les professeurs classiques. Les uns et les autres ont un égal droit à la fierté, quand ils l'ont conquis.

Le diplôme de l'École centrale, celui de l'École polytechnique, celui de l'École des Ponts et Chaussées et celui de l'École des Mines ne sont pas dépourvus de valeur. Ils présentent des difficultés égales à celles de la licence ès sciences et sont le couronnement d'études sérieuses. Vous ne vous montrerez pas trop rébarbatif à l'égard de ces titres et vous ne refuserez pas à ceux qui les ont obtenus le droit à la fierté, du moins je l'espère.

Le brevet de capacité d'enseignement spécial était délivré par les Facultés. Le programme en était vaste. Si les Facultés n'en ont pas fait un titre sérieux, c'est leur faute et non celle des candidats. D'ailleurs, je ne dois pas trop m'en préoccuper, car sur un total de 248 agrégés, je ne vois qu'un breveté de Faculté et encore il a été reçu le second, ce qui prouve qu'il n'était pas nul.

Quant au brevet de Cluny, il était pris à l'École à la fin de la deuxième année d'études. A l'origine, l'examen à la suite duquel il était délivré se passait devant une commission venue de Paris et dans laquelle on vit figurer MM. Balard, Brongniart, J.-B. Dumas, Faye, Jamin, Debray, Bertin, Résal, Gervais, Milne-Edwards, Berger, Levasseur, Demogeot, Jourdain, Gréard, Dareste, Soupé, Léveillé. L'examen comportait pour chacune des sections scientifiques, sept épreuves écrites (durée totale, 23 heures) ; une épreuve orale (durée, 3 heures), et une épreuve pratique (durée, 4 heures).

Pour la section littéraire : *Cinq* épreuves écrites (durée totale, 19 heures), et une épreuve orale (durée totale, 2 heures).

Voilà ce qui eut lieu à l'École de Cluny jusqu'en 1873. L'obtention de ce titre n'était pas sans offrir des difficultés : la longueur des épreuves et la qualité des examinateurs en sont une garantie. Les candidats qui l'obtenaient pouvaient bien aussi avoir quelques droits à la fierté.

Ce règlement a toujours existé. Si les examinateurs de Lyon ne les ont pas observés et s'ils ont rabaissé ce titre, ce n'est pas la faute de l'École. Vous voyez donc, M. Bigot, qu'il n'est peut-être pas juste de crier si vite, ni de crier si fort.

Actuellement et depuis peu, ce brevet est remplacé par le certificat d'aptitude à l'enseignement spécial. Le conseil supérieur, sur la proposition de l'administration, en a arrêté les programmes. J'ai dit ailleurs ce que je pense de ces programmes. Ils sont faits en dépit du sens commun. Mon opinion est celle de tous les professeurs d'enseignement spécial. Vous voyez qu'ils ne craignent pas les difficultés, puisqu'ils les demandent.

Passons à l'agrégation d'enseignement spécial. Elle « n'a rien de commun avec l'agrégation » classique, dit M. Bigot. Soit. Je le veux bien ; elle est d'un ordre différent, voilà tout. Quant aux difficultés qu'elle présente, elles sont plus difficiles à vaincre que ne le pense M. Bigot. Je vais fournir des preuves. D'abord, je dois signaler une singularité qu'on devrait bien faire disparaître. Il existe un règlement du 27 février 1869, relatif au concours des différentes agrégations. L'article 50 de ce règlement déclare admissibles de droit à l'agrégation d'enseignement spécial, les élèves de l'École normale supérieure pourvus de la licence; les élèves de l'École centrale, de l'École polytechnique, les élèves de l'École des Ponts et Chaussées et de l'École des Mines pourvus des diplômes délivrés dans ces écoles ainsi que les docteurs en droit, ès sciences et ès lettres. Aux termes de cet article, ces candidats sont tenus de faire les compositions écrites, mais pour eux elles ne sont pas éliminatoires. Cette mesure qui pouvait se justifier à l'origine de l'agrégation d'enseignement spécial par le désir qu'avait le ministre d'attirer des candidats vers cette agrégation, n'a plus sa raison d'être depuis longtemps. Bien des fois déjà, on a demandé l'abrogation de cet article du règlement ; on ne l'a pas encore obtenue. Les candidats qu'il concerne ont un avantage sur leurs concurrents. Il n'y a pas égalité de traitement pour tous, ce qui est fâcheux.

Ceux qui jouissent de ce privilége, en ont-ils bénéficié ? Ont-ils surmonté les difficultés haut la main ? Examinons. Voyons d'abord les Normaliens. Je n'ai pu savoir s'il s'en était présenté pour les lettres et pour les sciences physiques. Ce que je puis constater à coup sûr, c'est qu'il n'y en a pas de reçus. Pour les sciences mathématiques, on m'affirme qu'il s'en est présenté 7. Je ne puis le garantir. Je suis sûr qu'il s'en est présenté deux, je les connais. Quoi qu'il en soit, il n'y a eu qu'un Normalien de reçu et encore figure-t-il le troisième sur la liste officielle, et on m'assure qu'il s'est présenté plusieurs fois, ce que je n'ai pu vérifier.

En 1884, j'ai assisté moi-même au lycée Saint-Louis, où se passent les épreuves orales, à une petite scène qui ne laissait pas que d'être un peu comique. Le président du jury, M. Faye, affichait la liste des admissibles. Au moins trente candidats se pressaient autour de lui pour voir si leur nom figurait parmi les élus. Quand M. Faye eut fini, il s'éloigna. A peine avait-il fait quelques pas, qu'un monsieur, se détacha du groupe, se dirigea vers M. Faye « M. le Président, dit-il, je ne suis pas sur la liste des admissibles et cependant je suis admissible de droit. Je suis ancien élève de l'École normale supérieure. » M. Faye le regarda fixement, garda un instant le silence, puis tout à coup, d'un ton un peu sec. « Pourquoi ne l'avez-vous indiqué sur les compositions ? Je ne puis pourtant pas deviner que vous êtes ex-Normalien. » Il prit une plume : « Votre nom, » dit-il. Le candidat déclina son nom, et M. Faye l'inscrivit sur la liste. Naturellement les autres candidats le toisaient de la tête aux pieds. M. Bigot. dit (page 88) : « L'Université est aristocrate. « Je puis lui affirmer que son ex-condisciple, avait pour le moment au moins, refoulé ses allures aristocratiques. Il ne fut pas reçu. J'ignore s'il s'est représenté en 1885 ; mais s'il s'est présenté, il n'a pas été reçu non plus ; car son nom, que je n'ai pas oublié, ne figure pas sur la liste officielle.

D'après ce qui précède, l'agrégation d'enseignement spécial présenterait bien quelques difficultés, même d'après vous, M. Bigot ; car vous dites (page 257), en parlant de l'École normale supérieure : « Ce qui a fait la supériorité de cette école, c'est qu'elle n'a jamais eu de « *queue.* » Tous ses élèves sont distingués. » Je suis loin de vouloir vous contredire. Je vous accorde la distinction. Mais alors que conclure ? Voilà des hommes « distingués » qui se présentent à l'agrégation ; ils échouent ; bien plus, ils ne sont pas admissibles et, pour l'être, il faut qu'ils invoquent un règlement qui leur confère un privilège. S'ils sont reçus, ils ne viennent qu'au troisième rang. De deux choses l'une, ou bien le concours est sérieux, offre des garanties, puisque des hommes « distingués » ne peuvent vaincre les difficultés ; ou bien les candidats reçus, quand les Normaliens ne le sont pas, ou reçus les premiers, quand les Normaliens réussissent à arriver au troisième rang, sont au moins aussi « distingués » qu'eux. Or, M. Bigot, quand il y a eu un Normalien de reçu, au troisième rang ou comme en 1884, quand un Normalien a été obligé d'invoquer un privilège, pour se faire inscrire sur la liste des admissibles, le premier reçu chaque fois a été un élève de l'École de Cluny et de plus un breveté primaire. Voilà donc des jeunes gens qui dament le pion aux Normaliens et cependant ceux-ci déclarent par votre bouche, ou plutôt par votre plume, qu'ils ne considéreront jamais les premiers « comme leurs égaux. » A vous de voir, M. Bigot, si la présomption de vos camarades d'École n'est pas un peu déplacée et s'ils ont seuls le monopole de l'intelligence, de la distinction et de « l'aristocratie » intellectuelle.

Tous les ans quelques polytechniciens se présentent; ils bénéficient du privilège de l'admission de droit; mais ils ne sont pas toujours reçus et quand ils le sont, on ne les trouve jamais au premier rang. Ainsi pour la section des sciences mathématiques, il y a eu, depuis 1869, 5 polytechniciens reçus. Les rangs occupés par eux sont les suivants: 7e sur 7; 4e sur 5; 2e et 5e sur 8; et 2e sur 8. Pour l'agrégation des sciences physiques, je ne trouve depuis 1869 qu'un polytechnicien reçu le 6e sur 7.

Je trouve, en outre, 4 élèves de l'École centrale reçus depuis 1869, pour l'agrégation des mathématiques et un pour les sciences physiques. Dans la section des sciences physiques, je trouve encore parmi les reçus, deux docteurs : l'un docteur ès sciences physiques et docteur en médecine, reçu le 3e sur 3; l'autre, docteur en médecine, reçu le 4e sur 4.

Ainsi, voilà deux catégories de candidats qui jouissent, de par un règlement absurde, d'un privilège considérable; ce sont des candidats sérieux qui ont fait d'abord des études générales bien soignées; ensuite de fortes études spéciales. Ils se présentent à un concours; ils échouent ou ils sont reçus dans un rang généralement médiocre. Que conclure de ce fait? C'est que ce concours est sérieux. L'agrégation d'enseignement spécial présente donc bien, malgré l'affirmation contraire de M. Bigot, au moins un point de commun avec les agrégations classiques, celui des difficultés à vaincre. C'est à M. Bigot de voir si les candidats reçus ont ou non le droit d'être fiers du titre conquis.

Il est intéressant maintenant de rechercher quels sont les candidats qui réussissent le mieux. J'ai déjà dit que, depuis 1869, époque où les élèves de l'École de Cluny commencèrent à se présenter, il a été reçu, pour les sciences mathématiques, 107 agrégés, dont 68 sortis de Cluny, sur lesquels 53, entrés à l'École avec le brevet primaire supérieur, 6, avec le baccalauréat ès sciences, 9, avec le diplôme de fin d'études ou le baccalauréat d'enseignement spécial.

Pour la section des sciences physiques, il a été reçu pendant la même période 71 agrégés, dont 55 sortis de Cluny, sur lesquels, 40, entrés à l'École avec le brevet primaire supérieur; 13, avec le diplôme de fin d'études ou le baccalauréat d'enseignement spécial et 2, avec le baccalauréat ès sciences.

Pour la section des lettres, depuis 1871, époque où les élèves de Cluny commencèrent à se présenter, il a été reçu 71 agrégés, dont 23 élèves de Cluny. J'ai expliqué que l'administration a supprimé dans cette section, bien qu'elle eût des élèves demandant à rester, la troisième année 9 fois sur 16. Elle ne l'a laissée vivre que 7 ans et n'y a admis en tout que

21 élèves. Sur les 23 reçus agrégés, 15 étaient entrés à l'École avec le brevet primaire supérieur, 3, avec le baccalauréat ès sciences; 1, avec les deux baccalauréats ès lettres et ès sciences; 2, avec le baccalauréat ès lettres; 2, avec le diplôme de fin d'études ou le baccalauréat d'enseignement spécial.

Quant à l'agrégation des langues vivantes, elle a été obtenue par 10 élèves, sur lesquels 6 sont entrés à l'École avec le brevet primaire supérieur.

Que M. Bigot veuille bien réfléchir sur ce qui précède et voir d'abord si l'agrégation d'enseignement spécial est un titre sérieux quoique n'ayant « rien de commun avec les agrégations classiques. » Qu'il médite les chiffres et qu'il voie si son dédain pour les brevetés primaires est justifié.

Si, en outre, M. Bigot veut bien se donner la peine de retenir que jamais on n'a gardé à l'École de Cluny, pour la troisième année, qu'un nombre dérisoire d'élèves, par rapport au nombre de ceux qui auraient voulu et pu y rester; que dans l'intervalle de 16 ans, on a supprimé 4 fois la 3e année pour les deux sections scientifiques, bien qu'il y eût des élèves demandant à rester; que dans le même intervalle, on a supprimé 9 fois la 3e année, pour la section des lettres, alors que des élèves demandaient à y rester, il lui sera facile d'induire des résultats obtenus qu'on aurait pu en obtenir au moins deux fois plus.

Une toute petite remarque en passant. Il existe à Rouen une école supérieure de sciences. Qu'arrive-t-il ? L'administration refuse aux élèves de Cluny de leur laisser faire une troisième année à l'École et les place dans un collège ; ils y restent un an; puis ils demandent une bourse d'agrégation à l'École supérieure des sciences ; on la leur accorde ; ils vont à Rouen, y travaillent un an et sont reçus à l'agrégation. C'est un moyen économique d'un genre nouveau. S'ils étaient demeurés à Cluny, ils auraient coûté à l'État 500 ou 600 francs ; l'administration leur en donne 1 500 pour les envoyer à Rouen. L'année qu'ils ont passée dans les collèges les a un peu détournés de leurs études ; fussent-ils restés à l'École, ils se seraient trouvés dans de meilleures conditions pour leur préparation. — A Rouen, ils ont pour professeurs quelques anciens élèves de Cluny qui sont au lycée. L'administration les trouve bons pour préparer à l'agrégation à Rouen, et elle refuse de les envoyer comme professeurs à Cluny. Comprenez cette logique si vous le pouvez ; quant à moi, j'y renonce.

« Il faut faire disparaître cette équivalence injuste et si malheureusement établie entre les traitements », s'écrie M. Bigot. — Pardon, M. Bigot, cette équivalence n'existe pas, du moins pas pour tous. Permettez-moi de vous éclairer encore sur ce point. Suivez bien. Une circulaire de M. Jules Simon, du 27 septembre 1872, était accompagnée d'un décret qui divisait les lycées en quatre catégories et fixait les traitements des professeurs. Il était attribué aux agrégés d'enseignement spécial un traitement égal à celui des licenciés chargés de cours dans l'enseignement classique. Pour être plus clair, je prends un exemple. Je prends pour base de mes calculs le traitement d'un lycée de 3e catégorie, en faisant remarquer que les mêmes inégalités et dans les mêmes proportions existent dans les lycées de toutes les catégories. Dans un lycée de 3e catégorie, l'agrégé classique avait au minimum 3 200 francs; l'agrégé spécial, 2 400 francs; le licencié chargé de cours 2 400 francs.

Au mois de novembre 1873, l'administration supérieure demanda à l'Assemblée nationale et en obtint un crédit pour augmenter le traitement des agrégés classiques de 500 francs, et celui des agrégés spéciaux de 300 francs. Aux premiers revenait alors 3 700 francs, aux seconds 2 700 francs. L'administration établit une nuance entre ces deux sommes de 500 francs et de 300 francs d'un côté et le traitement fixe de 3 200 francs et de 2 400 francs de l'autre. Ce dernier était payé aux professeurs par douzièmes tous les mois; l'augmentation, par quarts tous les trimestres.

A partir du 1er janvier 1875, les licenciés chargés de cours obtinrent une augmentation de 200 francs qui fut considérée comme traitement fixe. Au lieu d'être payés tous les mois sur le taux de 2 400 francs, ils le furent sur le taux de 2 600 francs. Du moment que le décret de 1872 assimilait pour le traitement fixe les agrégés spéciaux et les licenciés chargés de cours, l'interprétation logique de ce décret était que l'agrégé spécial devait être augmenté de 200 francs; mais l'administration jugea qu'il en serait autrement. Elle décida que les agrégés spéciaux continueraient à recevoir leur traitement fixe primitif de 2 400 francs, tandis que les licenciés en auraient un de 2 600 francs.

En 1880, c'est-à-dire après cinq ans de profondes méditations, l'administration découvrit cette inégalité. Elle publia un décret qui assimilait pour le traitement fixe les agrégés spéciaux aux licenciés chargés de cours. Voilà ces deux classes de fonctionnaires remis au traitement de 2600 francs. Arrive au ministère M. Paul Bert. Il accorde aux agrégés d'enseignement spécial la même indemnité d'agrégation qu'aux agrégés classiques, c'est-à-dire 500 francs. Dès lors les agrégés classiques ont 3700 francs; les agrégés spéciaux 3100 francs; les licenciés chargés de cours 2600 francs. Le 20 août 1881, l'administration publia un décret, aux termes duquel les agrégés spéciaux étaient assimilés pour les traitements aux agrégés classiques. Seulement elle fit une distinction. Il n'y avait d'assimilés que les agrégés spéciaux pourvus d'une licence. Les non-licenciés étaient oubliés. Ils le sont encore au moment où j'écris ces lignes. Or consultez les listes officielles des agrégés, vous verrez, huit fois sur dix, les non-licenciés figurer au premier rang des reçus; le plus souvent les licenciés viennent au dernier rang. On voit les premiers reçus ne pas bénéficier de l'assimilation, tandis que les derniers reçus en profitent. C'est une prime accordée aux derniers. A l'agrégé non-licencié reçu le premier, est dévolu annuellement 3100 francs; à l'agrégé licencié reçu le dernier dans le même concours 3700 francs, soit 600 francs de différence. Voilà ce que M. Bigot appelle une équivalence injuste entre les traitements. Je vois bien l'injustice; mais l'équivalence je ne la distingue pas bien. Et vous, lecteur, la voyez-vous? C'est égal, il est bien renseigné M. Bigot.

L'inspirateur du décret du 20 août 1881 est un agrégé d'enseignement spécial, ayant ses petites entrées au ministère de l'instruction publique. Il est licencié et profite de l'assimilation. Il fut reçu agrégé le dernier. Au même concours, le premier reçu agrégé n'était pas licencié et ne profite pas de l'assimilation. Supposez que ces deux agrégés se trouvent professeurs dans un même lycée de troisième catégorie; le premier reçu recevra 3 100 francs; le dernier 3 700 francs, et c'est ce dernier qui est l'auteur de cet acte de haute générosité. Et dire que l'influence de cet homme se fait sentir partout dans les questions d'enseignement spécial, jusque dans la nomination des professeurs. Il a su former autour de lui une église, pour les membres de laquelle sont toutes les faveurs et hors de laquelle il n'y a point de salut.

CONCLUSION

Ma conclusion sera très courte.

Il résulte de l'ensemble de ce travail :

1° Qu'entre l'enseignement secondaire français préconisé par M. Bigot et l'enseignement spécial, il n'y a d'autre différence que celle du nom.

2° Que l'enseignement spécial est un enseignement secondaire et général et non pas un enseignement primaire supérieur et professionnel.

3° Qu'il n'y a aucune utilité à changer l'épithète de spécial; qu'au contraire il pourrait y avoir un inconvénient à lui donner celle de français, ce mot rappelant un enseignement fort déprécié d'avant 1865.

4° Qu'il n'y a pas lieu pour le moment de réformer l'enseignement spécial, parce qu'on n'a pas encore pu appliquer loyalement, sincèrement et complètement les programmes de 1882.

5° Qu'une école normale d'enseignement secondaire spécial pour former le personnel enseignant est d'une absolue nécessité.

6° Qu'il faut continuer à admettre au concours d'entrée les brevetés primaires supérieurs et rédiger un programme précis et plus élevé que le programme, soit du baccalauréat spécial, soit du baccalauréat ès sciences.

7° Qu'il faut maintenir cette école à Cluny, puisqu'on ne possède pas les ressources nécessaires pour la déplacer et l'installer à nouveau ailleurs.

8° Qu'ayant produit des résultats remarquables, malgré les obstacles de toutes sortes qu'on a apportés à son développement, elle en produira d'exceptionnels si on lui témoigne quelque bienveillance.

9° Que pour la faire prospérer, il faut améliorer la position pécuniaire du personnel enseignant et y appeler plusieurs anciens élèves.

Je m'adresse à la loyauté, à l'esprit d'équité de M. le Ministre et le supplie de vouloir bien s'occuper de l'École de Cluny, car elle est digne de toutes ses sympathies et de sa haute sollicitude[1].

1. Ce travail était achevé et remis à l'imprimeur le 8 avril 1886. Une maladie grave et longue m'a empêché de voir et de corriger les épreuves pour qu'il parût plus tôt. Après avoir pris connaissance de ce qui a transpiré des discussions de la commission de revision des programmes, j'ai résolu de ne rien retrancher de ce que j'ai dit, tous mes arguments conservant toute leur valeur.

FIN

TABLE DES MATIÈRES

FIN DE LA TABLE DES MATIÈRES

Paris. — Imp. E. CAPIOMONT et V. RENAULT, rue des Poitevins, 6.

PARIS. — IMPRIMERIE E. CAPIOMONT ET V. RENAULT
6, rue des Poitevins, 6

www.ingramcontent.com/pod-product-compliance
Ingram Content Group UK Ltd.
Pitfield, Milton Keynes, MK11 3LW, UK
UKHW021053230726
13926UKWH00004B/1829